クラシック音楽
持論・抗論・極論

藤原 敬
Takashi Fujiwara

音楽の起源
～音楽は
何のために
あるのか～

風詠社

まえがき

二〇〇三年に脳神経外科の診療所を開設したとき、そのビルの一画に五〇人程度の観客を収容できる小音楽ホールを作り、ビルの名前を冠してガレンホールと名付けました。そのホールで月に一回程度、主に地元在住の音楽家を招いてコンサートを企画し、二年前に呉市音楽家協会にその運営を移管するまで一〇二回のコンサートを行いました。同じ方に何回かお願いしたこともありますが、一度に三人から四人での演奏会もあり、全部で百人くらいの音楽家と新たに知り合いになったと思います。

その縁もあって二〇一二年に呉市音楽家協会会長に推薦されました。呉市音楽家協会は広島県呉市に拠点を置き、地域の音楽文化の振興発展に寄与する目的で二〇一〇年に設立された団体です。音楽大学を卒業し、呉市で活動を行っている音楽家を正会員とし、小中学校の音楽教育関係者からなる特別会員、協会運営の援助を希望する賛助会員から構成され、当時約一八〇人の会員を擁していました。会長就任の話があったとき、さすがに私には荷が重いかなとも思いましたが、元々クラシック音楽は好きで、興味があることであれば何にでも足を突っ込みたくなる性格もあり、引き受けることにしました。
任期は一期二年で現在三期目ですが、この間音楽関連の様々な企画、運営に携わった過程で、多くの音楽家と話し合い、議論する機会を得ることができました。音楽家によって音楽に対する姿勢、考え方は千差万別ですが、その人たちの話の中には、納得できることもあるし、意外と感じることもあれば、私の発想に全くなくて驚くこともありました。

私も長年のクラシック音楽ファンであり、音楽は常に身近にありましたので、アマチュアではありますが、それなりに音楽に関する持論を持っています。音楽家の人たちとの会話の端々でこの持論を披露していましたが、少し込み入った話になると会話では十分に理解していただけないこともあり、もどかしい思いもしていました。

この持論をいつか文章にして発表し、皆さんに知っていただきたいとの思いは数年前からくすぶり続けておりました。今回の出版で、待ちに待った私の願いが実現したことをうれしく思うとともに、この内容が皆さんにどのように受け取られるか不安もあります。

題名の「持論・抗論・極論」はＮＨＫのニュース解説「時論公論」をもじったものですが、多くの音楽家の考え方に反するであろうと思われる内容もあり「抗論」としました。さらに自分でも極端すぎる考え方と思う内容もあり「極論」を付け加えましたが、この中には音楽家の方にとっても一般の方にとっても、違和感を覚えたり、反発を感じる内容もあるかもしれません。逆に大いに賛同していただける方もおられると思います。

これらはあくまで私個人の意見であって、絶対的に正しい意見と主張しているわけではありません。そもそも世の中に正しい意見、間違った意見があるわけではなく、単に異なる意見があるだけだと私は考えています。人の意見は様々です。寛容な気持ちで読んでいただければ幸いに存じます。

なおそれぞれのエッセイは一年以上の長い期間の中で独立して書いたものであり、内容に一部重複した部分があります。このたび本にまとめるにあたって修正も考えましたが、どの項から読んでも理解していただけるように、あえて変えませんでした。重複した部分は脳科学的考察の部分が多く、私がより主張したい内容でもあり、一回読んだだけでは分かりにくい面もありますので、ご面倒とは存じますがお付き合い願えればと思います。

目次

音楽の起源

～音楽は何のためにあるのか～

音楽の好みは人によって様々です。クラシック音楽、ジャズ、ポップス、演歌、民謡、フォークソングなど、それぞれに愛好者がいます。複数のジャンルを愛好する人も少なくありません。ここで不思議なのは、音楽の好みは多様であっても音楽に全く無関心という人はあまり見かけないことです。ほぼ例外なく、人は何らかのジャンルの音楽が好きです。文化人類学的に見ても、すべての民族に音楽があり、生活の中に定着してそれぞれのやり方で音楽を楽しんでいます。例外もありますが、ほとんどの人は好みの音楽を聴くことによって心地良い気分になったり、うきうきしたり、楽しい気分になります。これを脳科学的に言えば、音楽は人間の脳に対し快刺激となっているということになります。

人間が快を感じるときに機能する脳の場所は、完全に解明されているわけではありませんが、脳の正中部に位置する一群の領域が関与していると考えられており、内側前脳快感回路と呼ばれています。これらの中には側坐核、腹側被蓋野、視床、視床下部、大脳基底核、帯状回、前頭前野と言われる脳領域などが含まれています。このときに神経伝達物質であるドーパミンが放出されることにより、快刺激を伝達すると考えられています。人間も含めた動物が快感を生じる行為は、すべて個体の生存と種の存続のために必須であるか、少なくとも有利に働くはずです。快いと感じることにより、その行為を促すよう遺伝子にプログラムされているわけです。脳の快感中枢が活動する代表的な行為は、摂食行動と性行動です。これらの行為を脳に伝える回路は先天的にプログラムされていると考えられます。

音楽が快刺激となるためには、聴覚刺激として耳から入った音が電気信号に変換され、いくつかの神経細胞を経由して、脳の特定の場所に伝えられて快感として認識される必要がありますが、摂食行動や性行動を快と感じる脳と同じ場所が活動することが分かっています。摂食行動が味覚からの経路、性行動は性器からの経路であるのに対し、音楽は聴覚からの経路ですから、最終的に活動する場所は同じで、異なるのはその経路ということになります。

この脳の回路がいつ、どのように形成されるかは分かっていませんが、ほとんどすべての人が音楽を聴いて快いと感じるとすれば、この回路は何らかの形で先天的にプログラムされていると考えるのが自然です。しかし、これは考えてみると不思議なことです。音楽を聴くことが個体の生存に直接必要とは思えませんから、音楽が快感を引き起こす回路が摂食行動や性行動と同じように先天的である理由は何かということです。

ただし、同じように先天的と言っても若干の違いはあります。つまり摂食行動による快感の回路は生まれたときにすでに完成していますが、性行為は第二次性徴の始まる思春期で、これはホルモンの関係で先天的なプログラムがこの時期に発現したと考えられます。音楽に関してはよく分かっていませんが、子守唄が乳幼児の眠りを促すことなどからは生まれつきとも言えます。一方で子供の頃から青年期までによく聴く音楽によって、音楽の好みのジャンルが形成されますから、音楽に触れる環境によって左右される面もあるようです。

これは言語と似ています。言語中枢自体は人間の脳に先天的に用意されていますが、どの国の言語が第一言語になるかは幼児期に入力される言語で決まります。音楽もそのベースは先天的に脳のプログラムとして用意されており、音楽が入力されることによって快感の回路が完成され、しかも頻繁に聴くジャンルほど、回路がつながりやすくなるということです。

いずれにしても音楽によって快感を引き起こす脳の回路が先天的にプログラムされているとすれば、その必然性の理由は大いに気になるところです。人類の進化の過程のどこかで、音楽もしくはそれに類する行為が種の存続に関してとても重要な意味を持っていたと考えるのが自然ですが、だとすればこれが音楽の起源ということになるかもしれません。音楽が持つその意味・有用性は現在でも潜在的に継続している可能性が高いと考えます。

その理由としていくつか考えられますが、その中で有力と思われる候補が二つあります。

一番目は言語との関連です。鳥類の中に歌（さえずり）をコミュニケーションの手段として使っている種があることが知られています。十種類以上のパターンを使い分け、求愛や危険を知らせる手段として使っています。言語を獲得する以前の人類も同じように、リズムや音のイントネーションを利用して意思の伝達を図っており、それが言語に進化したという考えです。もしくは言語と音楽に共通の祖先である、意味と感情の伝達手段があり、それが意味の伝達手段である言語と、感情の伝達手段である音楽に分離したとする説もあります。コミュニケーションは社会、集団の維持、存続にとってきわめて重要ですから、コミュニケーション手段を持たない集団は進化の中で淘汰されたはずです。音楽は感情の伝達の手段、言語の前身としての役割により、種の存続にとって必須であったと考えるわけです。しかしながらこの説は、音楽によって人間が感じる快感の説明としてはやや説得力に欠けるように思います。音楽がコミュニケーション手段として有用であり、集団の存続に有利に働いた説明にはなっても、なぜ快刺激と感じるかの説明としては少し弱いように感じるからです。

もう一つの考えは、音楽が感情、情動のコントロールに関連しているという説です。特に、興奮や怒りの感情を沈静するために重要な役割を担っていると考えられています。人間の脳には本来好戦的な特質がプログラムされています。これは外部から何らかの危害が加えられそうになったとき、抵抗しなければその生存が脅かされますから、進化の過程でこのような状況では戦う選択をするようにプログラムされた脳を持った個体が生き残り、好戦的でない個体は淘汰されたためです。攻撃を受けたときは逃避という選択が最良の場合もあますが、反撃を余儀なくされる場合もあります。そのときに怒りの感情によって脳が戦闘モードになります。このときに活動する脳は扁桃体を中心とする大脳辺縁系と考えられており、神経伝達物質としてはノルアドレナリンが増えることも分かっています。

ただし、あまりに好戦的だと集団内でトラブルや争いを起こしやすくなり内部から崩壊しますから、個体の属する集団内では好戦的な特質を抑え、脳を協力的なモードにする必要があります。そのため脳は、人に危害を加えたり殺害することに嫌悪を感じるようにもプログラムされています。これら相反する情動を状況によって使い分ける必要がありますが、そのときに音楽が役立つと考えられます。音楽は時に脳を興奮させますが、基本的には脳を鎮静させる方向に働くことが多いので、戦闘モードで興奮し過敏になった脳を音楽によって落ち着けるわけです。それによって集団内での円滑な交流、協調性を維持することができ、集団の存続に有利に働くという理屈です。音楽を聴く傾向のある集団ほど存続する可能性が高くなりますので、音楽を快刺激と感じるようにプログラムされた脳のほうが進化の過程で生き残ったとも言えます。

鎮静的に働く場合に活動する脳は前述した快刺激により活動する場所とオーバーラップしていると考えられますが、この場合はセロトニンという神経伝達物質が増えると言われています。セロトニンは脳をリラックスさせ、穏やかな気分になるときに分泌される神経伝達物質です。歩行など一定のリズムで運動するときにもセロトニンが増えると言われており、このことから考察すると、音楽の三要素であるメロディー、ハーモニー、リズムの中では、リズムが最も根源的に感情コントロールに関与しているのかもしれません。

人は自分の考えや、意図を伝えたり、指示をするときなどに言語を使います。その内容によって感情も伝えることができますが、会話ではそれを強調するために音声のイントネーション、強弱などを利用します。音楽は、これをさらに直接的に端的に伝達する手段として脳にプログラムされているという説もあります。文章で感情や情動を伝える芸術が文学です。優れた文学は言語を巧に操って細かく感情を伝えることができます。これを映画などに画像化するときは、会話のみでは感情を十分に伝えることは難しいので、その手段として音楽を使います。音楽の効果は絶大です。これは音楽のない映像を想像してみれば、容易に分かると思います。

さらに音楽は日常生活の中にも浸透しており、人間はいろいろな状況で音楽を聴きます。イライラしたとき、仕事の能率が上がらないとき、手持ち無沙汰なとき、運転など単調な作業を継続しないとならないとき、眠れないときなど、例を挙げればきりがありませんが、多くの場合人はリラックスしたいときに音楽を聴く傾向があります。

このように、音楽は感情、情動のコントロール、伝達に重要な役割を果たしており、進化の過程で人間の生存、種の存続のために必然的に生まれ、長い歴史の中で少しずつスタイルを変えて現在まで続いていると考えられます。その中で音楽を聴く目的も多様化し、人間は音楽自体を楽しむようになってきたということでしょうか。これは摂食行動が単に栄養を取るだけでなく、美味しいものを食べて味覚を満足させること、性行為が子供を作るだけでなく、その行為自体の快感を求めるという他の動物にない人間の特性と似た現象とも言えます。

音楽は単なる鑑賞するための芸術ではなく、社会的な動物である人間にとって、言語と並んで存在の根源を支える重要な手段であると言えます。そこに音楽の起源があるように思います。

聴くレパートリー

演奏家は得意な演奏曲のレパートリーを持っています。演奏を聴く側も実は聴くレパートリーがあります。通常は好みの曲と呼びますが、クラシック音楽に関しては、聴くレパートリーと言ったほうが合っているように思います。これはクラシック音楽の場合は、音楽を聴き流すのではなく、脳の中でもう少し能動的な活動、作業が必要と感じるからです。私の個人的な感覚なので説明が難しいのですが、努力して理解してその曲を好きになるといったニュアンスでしょうか。聴くレパートリーを増やすと、音楽の世界が広がります。聴くレパートリーを広げるためにはどのようにすればよいのか。私の経験を踏まえて述べてみたいと思います。

私がクラシック音楽を聴くようになったのは中学校の二年生の頃です。友人にクラシック音楽マニアがいてその影響もありましたが、ステレオオーディオセットを買ってもらったことが一番のきかっけだったように思います。

そのときに最初に買ったレコード（その頃はレコードが主流でした）が、ベートーヴェンの交響曲第六番「田園」でした。なぜこのレコードを買ったかよく覚えていませんが、学校の音楽の授業の音楽鑑賞の時間に聴いたときの印象が残っていたのかもしれません。いずれにしても一枚しかありませんから、そのレコードばかり聴いていました。そこそこ性能の良いオーディオセットだったので、良い音を聴くだけでもうれしくなり、珍しさもあって毎日のように聴いていました。最初は音の良さの魅力で聴いていましたが、何回も聴いていると、最初は分からなかったその曲自体の魅力を何となく感じるようになってきました。そうなるとますます頻繁に聴くようになり、次第に聴いていないときでも旋律や和音が頭の中に浮かぶようになって、ある日その曲が強い快刺激に変容しました。突然世界が変わったような感覚でした。今思えば、このとき脳の回路に何か大きな変化があったのだと思います。具体的に言えば、音楽の刺激が快感中枢に伝わりやすくなったと考えられます。

音楽を聴いて感動する、幸福な気分になる、快を感じるメカニズムは脳科学の大きなテーマですが、まだ解明されていません。しかしながら、脳の中でどのような現象が起こっているかは少しずつ分かってきました。頭部ＭＲＩ、頭部ＳＰＥＣＴなど医療機器の発達により、脳の機能、血流を測定することができるようになり、いろいろな外部刺激で脳のどの場所が活動するかがある程度把握できるようになりました。この問題に関しては最初の「音楽の起源」の項でも書きましたが、ここではもう少し詳しく説明してみたいと思います。

音楽を聴きながらこれらの機器で脳の機能を測定すると、脳の様々な場所が活動するのが観察できますが、その中で特に好きな音楽を聴いて快を感じるとき、まず腹側被蓋野という部分が活性化され、その情報が側坐核に伝わります。さらにドーパミンという物質の放出が増えることが分かりました。さらに側坐核と連絡のある前頭前野、線条体、前部帯状回と言われる場所も活動が活発になることが観測されました。これらはすべて脳の正中近くにあり、側坐核、腹側被蓋野と合わせて報酬系と呼ばれる神経核の一群で、報酬となる刺激が脳に加わったときに活動します。

先天的には①美味しいものを食べたとき、②性的刺激を受けたときに活動が高まります。この二つの刺激により報酬系が活性化される脳の回路は、ほとんどすべての人に先天的に備わっています。これは個体の生存、種の保存、存続に必須なためですが、音楽を聴いて感動し快を感じるときも、摂食行動、性行動で活動する報酬系とほぼ同じ場所が活動することが分かりました。違うのは、ここにつながる経路です。食べ物は味覚刺激、性行動は性的刺激、音楽は聴覚刺激から始まります。もう一つの違いは、聴覚刺激から側坐核につながる回路は後天的な環境の影響が大きいということです。音楽を聴くことにより、その回路がつながりやすくなるわけです。

多くの人は何らかの音楽を好みますから、音楽への嗜好性はある程度先天的に備わっている可能性があると考えられますが、聴く音楽の種類、頻度、環境などによってその回路が強化、完成される度合が違うようです。よく分かっていないことが多いのですが、何度も同じ音楽を聴いていると、その音楽の刺激が腹側被蓋野、側坐核に伝わりやすくなることはかなり確かなようです。つまり、初めて聴いた曲は信号が伝わりにくいのであまり感動しませんが、何度も聴いていると次第にその曲が好きになってくるということです。これを神経回路の伝達が強化されると言い、そのような刺激を「強化刺激」と呼んでいます。逆に最初は良いと思っていても、何度も聴いていると飽きてくる曲があります。この場合は同じ音楽では快感中枢の活動が次第に弱まってきます。これを馴化（じゅんか）と言い、このような刺激を「馴化刺激」と呼んでいます。馴化とは「なれる」という意味です。

強化刺激となりやすい音楽を一般に「名曲」と呼びます。昔の作曲家で現代まで名の残っている有名な作曲家の作った曲の多くは、この名曲に属します。というより、名曲だから名前が残ったと考えたほうが当たっているかもしれません。ただし名曲だからといって、すべての人が最初から良い曲と感じるわけではありません。聴く側にも努力が必要です。腹側被蓋野、側坐核への回路がつながるまで何度か聴く必要があります。いったん回路がつながると、その音楽を聴くたびに側坐核が刺激され、ドーパミンが放出されて幸福感を感じるようになります。多くの作曲家の多くの曲でこの回路が出来ますと、初めて聴いた曲でも感動を得やすくなります。これは旋律、和声、リズムの類似性から既存の回路が活動するためと考えられます。

さらに何度も聴いて好きになった曲は、これからその音楽が聴けるという期待感だけで先に述べた脳の報酬系の一部である線状体の中の尾状核という場所が刺激され、ドーパミンが放出されます。音楽が始まると事前のドーパミン分泌との相乗効果で側坐核の刺激はさらに強まり、快感の度合いも強くなります。聴衆がコンサートなどで既知の音楽を好む傾向があるのは、このようなメカニズムによるのかもしれません。

私の個人的な経験をもう少し述べますと、二、三年前からNHKの日曜日午後九時から放送されるクラシック音楽館を毎週見るようになったのですが、たまたまリヒャルト・シュトラウスの曲が立て続けに演奏されたことがありました。リヒャルト・シュトラウスは今までその良さが分からなかったのですが、何度となく聴いていると分かったような気分になり、最近時々聴いて楽しんでいます。これも何度も聴いた効果のように思います。

過去にも何度か同じような経験があります。元々バッハ、ベートーヴェン、モーツアルトは好きでよく聴いていたのですが、これらの作曲家の曲から受ける感動が、ショパンやブラームスを聴いたときにはほとんどありませんでした。そのとき考えたのは、多くの人がショパンやブラームスは良いと言っているわけなので、自分がそれを感じないのは当然ながら作曲家や曲に問題があるわけではなく、自分の脳の問題のはずであるということです。ショパン、ブラームスの音楽が快感中枢に伝わる回路が出来ていないことが原因なので、その回路を作るためには刺激を与え続ける必要があると考えたわけです。

好きではないので頻繁には聴かないのですが、それでもコツコツと聴いていると、突然開眼した感じで好きな作曲家になる瞬間がありました。ブラームスはシャルル・ミュンシュの交響曲第一番を聴いたときで、ショパンはマルタ・アルゲリッチのピアノソナタ第三番を聴いたときでした。これらの曲、演奏家に特に意味があるわけではなくたまたまですが、不思議なことにそれをきっかけにショパンやブラームスの他の曲も分かるようになりました。

よく分からなくてもあきらめずに何度も聴いていると、そのうち分かってくるということですが、この話をすると、嫌な曲をそこまで無理して聴かなくてもよいではないかと言われます。それはその通りなのですが、聴くレパートリーを広げると、取りあえず来場するコンサートの選り好みが少なくなります。以前はどうせ高いお金を払ってチケットを買うのなら好きな作曲家、曲を選ぶ傾向がありましたが、最近はあまり作曲家、曲を選ばなくなりました。というより聴く曲のレパートリーが広がってきましたから、どのコンサートでも十分楽しめるといったところでしょうか。さらに音楽を聴いて幸せな気分になる機会が増えるわけですから、人生を豊かに送る一つの大きな力になるようにも思っています。

「運命」はハ短調でなければならないのか

数年前に広島県合唱連盟の主催で、東京から作曲家の先生を招いて合唱講習会と講演会が開催されました。講演の内容は多岐にわたっていましたが、その中に音楽の調性についての話がありました。長調はハ長調からロ長調まで、短調はハ短調からロ短調まで全部で24の調性がありますが、それぞれの調は固有のイメージ、色彩を持っている。作曲家はそれに基づいて曲を作っており、その調を選んだことには意味があるので、移調して演奏することは好ましくないという内容でした。ベートーヴェンの交響曲第五番「運命」はハ短調ですが、その例を提示されハ短調の特性などについての説明がありました。「運命」はハ短調でなくてはならず、他の調に移調して演奏するとそれは「運命」ではなく別物になるということでした。

質疑の時間が設けてあったので、私が普段から疑問に思っていることを質問してみました。「移調は好ましくないということですが、歌曲は移調して歌っているし、合唱曲への編曲で移調することも多いと思いますが、これらはどのように考えればよいのでしょうか?」という質問です。なぜ普段から疑問に思っていたかというと、私自身は音楽家が感じておられるような調性による色彩の違いが分からないからです。もちろん移調の幅が大きければある程度違いは分かるのですが、一度や二度程度の移調では同じように聞こえます。アマチュアの音楽仲間も「あまり違いは感じない」と言う人が多く、移調して歌っても何ら問題はないのではないかと思っていたからです。さらに音楽家とのこの感性の違いは何なのかという疑問もありました。

その先生の回答は「基本的には原調で歌うべきだが、声域の問題もあるので移調は致し方ない。ただし作曲家の選んだ調を尊重し、意識しておく必要はある」というものでした。この回答は私としては納得というわけにはいきませんでした。どうもすっきりしない、ももやとした感じが残ったのを憶えています。確かにこの先生以外にも、多くの音楽家が、それぞれの調性にはその調性固有のイメージ、色彩があると感じておられるようで、移調して演奏するのは好ましくないと同じような主張をされます。

最近「脳科学」の研究により、音楽と脳の関係についてもいろいろなことが分かってきました。そこで私なりに脳科学的に先に述べた問題について考察してみました。

脳科学的な観点から考えますと、音楽家の方が考えられているのとは少し違った見方ができます。旋律にしても和音にしても物理学的には単なる空気の振動ですから、本来無色透明なもので、調性自体に色彩があるわけではありません。調性固有のイメージ、色彩などは聴く人間の脳が能動的に作り出すものと考えられます。色彩を持った調性が客観的に存在し、それを我々人間の脳が正しく感知しているのではなく、今までに受けた音楽教育、聴いた音楽の経験、記憶などに基づいて聴く人間が調性に色彩をラベリングしているわけです。人間の脳は個人差がありますので、感じ方は当然違うはずですが、音楽教育の内容、聴く音楽はある程度共通していますので、音楽家の間では調性に関する感じ方は似てくるのかもしれません。

つまり調性自体に色彩や性格があるのではなく、同じ調整で作られた多くの曲から、その特性を抽出し、平均的なイメージを脳が作り出したと考えられます。たとえばベートーヴェンの交響曲第五番「運命」や、ピアノソナタ第八番「悲壮」、ブラームスの交響曲第一番はハ短調で書かれていますが、これをいつも聴いているとハ短調という調性にこれらの曲の持つ「荘厳性」や「悲壮感」などのイメージがラベリングされるという考え方です。

現在はほとんどの場合、平均律で演奏しますので、各音の相対的な間隔は同じですから、調性の違いは主音の高さの違いのみということになります。とすれば調性のイメージの違いは音の高さの違いから来ることになります。ということは音の高さの違いを、自分の記憶だけで、楽器などの助けなく判別できる脳を持っている人、つまり絶対音感のある人のみが、調整による楽曲のイメージの違いを判別できるのではないかと推測されます。

絶対音感とはある音を聞いたとき、その音の高さを言い当てることができる能力です。さらにある特定の高さの音を指示されたとき、基準音の提示がなくてもその音を正確に声に出すことができます。相対音感の人は基準音があらかじめ提示されれば、しばらく（数十秒程度）の間はその音の高さを記憶でき、それを基準に指示された高さの音を出すことができますが、その時間が過ぎると音の高さの記憶はなくなります。この違いは音を記憶する脳の場所と貯蔵の仕方によると考えられています。

絶対音感のある人は、音の高さの記憶は長期記憶として側頭葉に貯蔵されていると考えられています。これは自分の過去のエピソードを記憶するのと同じ方法で、半永久的な記憶です。相対音感の人は音の高さの記憶は前頭葉に保持されますが、これはワーキングメモリー（短期記憶）と言って、たとえば電話をかけるときに一時的に電話番号を覚えるときのように、そのことに意識を向けている間は記憶を保持できますが、別のことを考えると忘れてしまうタイプの記憶です。

絶対音感を持っている人は音の高さの違いから聴いた曲の調性が分かりますから、移調して演奏した場合、曲のイメージが変わるはずです。相対音感の人は移調しても、その違いはほとんど感じません。つまり調性による色彩感の違いを感じるのは、絶対音感を持っている人のみであるということです。

ところで絶対音感のある人は、絶対音感のない人の音に対する感じ方がどのようなものなのかは理論的にはともかく、体感的には決して分かりません。そのため自分の感覚、感じ方は実は主観的なものであるにもかかわらず、客観的な事実と考えてしまいます。このことは実は聴覚のみでなく、視覚、味覚、触覚など他の感覚でも同じです。たとえば視覚について言えば、普通人は色を見るとき、その色が客観的に自然界に存在し、それを脳が正しく認識すると考えます。それが普通の人間の認識ですが、実は物質は単に特定の周波数の光を反射しているだけで、色を持っているわけではありません。その周波数の光が目を通して脳に伝えられ、周波数識別のために脳が赤や黒や黄色など様々な色の質感を能動的に作り出した結果が、すなわち物質の色ということになります。これらの考え方は哲学、脳科学ではごく常識的なことなのですが、一般的にはなかなか納得して理解するには簡単ではないようです。

通常は自分の感じていることが、客観的事実で正しい認識であり、他の人が別の認識をしていると、それは間違っていると考えます。行為や行動の良い悪い、物の美しい醜いなどの価値観に関しては、人それぞれいろいろな意見があってよいと柔軟に考えることができますが、音や色などの物理現象に関する認識は、価値観の認識と違って自分の認識が客観的に正しい認識と考えがちです。確かにその人にとっては主観的に正しい認識なのですが、別の主観もそれはそれで正しいという発想ができる人は稀です。そのため最初に述べたように、調性の違いで曲のイメージ、色調の変化を感じる人にとっては、移調しての演奏は好ましくないという主張が出てくると考えられます。

管弦楽曲などの場合、各楽器の特性がありますので移調して演奏するのはいろいろ問題があって実際には難しいのですが、ピアノ伴奏の歌曲などの場合、移調して歌っても何ら差し支えなく、一般の大多数の聴衆は絶対音感を持った音楽家の方が思っておられるほど移調した演奏を聴くことに違和感は持っていないと考えられます。

「運命」はハ短調でなくともロ短調でも、ニ短調でも、聴く側としてはなんら差し支えないということになります。実際問題Aのピッチが440Hzと決められたのは一九三九年ロンドンで行われた国際会議で、それ以前十七世紀から十九世紀にかけてはAのピッチは380Hzから500Hzの間でばらつきがあったようです。バロック時代は415Hz、十八世紀のモーツアルトの時代は420Hz程度だったらしく、そうなるとその時代のハ短調は、現代ではロ短調に近くなります。作曲家の選んだ調性を尊重するなら、運命はロ短調で演奏しなければならないことになってしまいます。

移動ドと固定ド

二十年前に合唱団に入団したとき、指導的立場にあるメンバーの一人に、あなたは「イドードですかコテードですか」と聞かれました。最初は言葉の意味が分からず、聞き返すと、そんなことも知らないのかという雰囲気で説明していただけました。言うまでもないことですが、「イドー」は「移動」、「コテー」は「固定」で、「ド」はドレミのドです。つまり私が移動ド唱法なのか固定ド唱法なのかを聞かれたわけです。

そのときに意味が分からなかったのは私の頭の中にその概念がなかったからですが、それも無理のないことで、合唱を始めた高校生の頃にそのような言葉は聞いたこともありません。小中学校の授業で習った覚えもありません。中学校の音楽の授業ではコールユーブンゲンを使っていましたが、調が変われば、その主音を、長調であれば「ド」で、短調であれば「ラ」で歌っていました。つまり移動ドということになりますが、それが当たり前と思っていましたから、固定ドでの歌い方があるなど思いもよらなかったわけです。

「移動ド」「固定ド」という言葉がいつから使われ始めたか定かでないのですが、平成十年の中学校学習指導要領では歌唱は「移動ド」を原則とするとありますから、少なくともこの頃までには使われていたはずです。固定ドで歌うということは、すなわち音名で歌うことに等しいことになります。後でもう少し詳しく述べますが、音名とは日本ではイロハ・・・、英語圏ではCDE・・・を使い、音の高さの絶対的な表記です。それに対し階名はほとんどの地域、国でドレミ・・・が使われ、音の高さの相対的な関係を表す表記法です。固定ドで歌うくらいなら最初から歌詞を付けて歌えば手間が省ける分だけよいわけで、最初に固定ドで歌う方法があるという話を聞いたときは、全く理屈に合わない不可思議な話だと思ったのを覚えています。

ところが調べてみると、話はそれほど単純ではなく、以前から論争があり、実は音楽教育の根幹にも関わる大きな問題と考えられていることを知りました。さらにもっと驚いたのはピアノを習っている生徒さんの多くは固定ドで歌唱しており、その人たちには「移動ド」という概念がないことでした。その人たちにとってはハ長調では主音は「ド」になりますが、ニ長調（シャープ二つ）では主音は「レ」になります。私は階名で歌いますから、ニ長調でも主音から始めると「ド、レ、ミ、ファ、ソ、ラ、シ、ド」と歌いますが、固定ドでの歌唱は主音から始めるとニ長調では「レ、ミ、ファ、ソ、ラ、シ、ド、レ」となります。しかも「ファ」と声に出しても頭の中では♯を付ける必要があります。「ド」も同じで、ドと発音しても頭の中では♯を付けて、ハ長調のドより半音高く歌います。つまり実際には「レ、ミ、ファ♯、ソ、ラ、シ、ド♯、レ」と歌うことになります。変ホ長調（♭三つ）では「ミ♭、ファ、ソ、ラ♭、シ♭、ド、レ、ミ♭」となります。移動ドで歌う人はどの調整でも主音がドですから、主音から始めて一度ずつ上がりながら歌うとすべての調性で「ド、レ、ミ、ファ、ソ、ラ、シ、ド」となり、臨時にシャープやフラットを付ける必要はありません。これは主音から数えて三音目と四音目の間隔が半音、七音目と八音目（オクターブ）の間隔が半音であるという原則に容易に適合できるという大きなメリットがあります。

音名とはある周波数の音に対して付ける名前のことで、たとえば440Hzの音は日本では「イ」、英語圏では「A」と呼びます。ドイツ語でも「A」です。その倍の周波数880Hzはオクターブ上ですから、同じ名前の「A」です。440Hzの1・5倍の660Hzは「A」から完全五度上で、「ホ」もしくは「E」と呼びます。オクターブ下の「ホ」はその半分ですから、330Hzです。Cは平均律の場合は262Hzです。これはピアノのほぼ中央で、ハ長調ではドの鍵盤に当たります。それに対し音階は相対的な概念で、それぞれの調性の主音を「ド」と呼びます。第二音目が「レ」で、三音目、つまり主音の長三度上を「ミ」と呼びます。完全五度上を「ソ」と呼びます。

つまり固定ドで歌っている人は、本来階名として使っている、「ドレミ」を音名として使っていることになります。なぜそのようなことになるかと言えば、これは教育に原因があると考えられます。ピアノの生徒は、鍵盤のほぼ中央にあるCの音を「ド」と教えられます。本来はその鍵盤は「C」の音で、ハ長調では「ド」、ニ長調では「シ♭」、変ホ長調では「ラ」であると教えるべきなのですが、何せ教える相手の多くは小学校就学前ですから、このような小難しい理屈が理解できるはずもなく、先生もそこまで根気もないでしょうから、ついついピアノの中央にあるCの鍵盤を、これは「ド」ですと覚え込ませることになります。それに付随して、五線譜のCの位置も「ド」になります。

さらに絶対音感がつくと、ますます話がややこしくなってきます。絶対音感がつくとそのCの音は262Hzですから、262Hzの音が「ド」と理解し記憶してしまいます。440Hzの音を「ラ」と記憶します。そのためたとえばイ長調の場合、移動ド唱法の人はAつまり440Hzの音が主音ですから「ド」と歌うところですが、絶対音階のある固定ド唱法の人は440Hzの音を「ド」と呼ぶことにとても違和感を覚えます。人によっては頭の中が混乱して歌えなくなるようです。そのような人は固定ド唱法で歌う以外選択肢がありません。それはそれで別段差し支えないのですが、問題はその理論を理解できていない場合です。声楽専攻の方はさすがに完全に理解されていますが、ピアノ専攻で特に幼少の頃からピアノを習っている、中高校生は理解していない人が多数派です。これは教育の問題と言わざるを得ません。ピアノを弾くためには理論は必要ないという考えなのか、先生もあまり教えないようです。稀に音楽大学の学生にも理解していない人がいるのには唖然とします。音楽大学で教えないはずはありませんから、これは本人の関心の問題でしょうか。

移動ド唱法の利点は、移調しても同じ階名で歌えることです。多くの人は絶対音感はないので、移調しても全く違和感はありません。高く移調した場合、高音がやや出にくくなると感じる程度です。しっかりした相対音感が身についている人は、ピアノの助けがなくても楽譜を初見で歌えます。

本来歌を歌うとき脳は音程を前の音との相対的な違いで判断して、声帯の筋肉の収縮力やバランスを意識下で調整し、適切な高さ、強さの声として出力します。直前の音、それまでのフレーズを基準として、その関連で連続的に音程を判断しているわけです。つまり相対音感を利用して歌っていることになります。

絶対音感を利用する場合、音の流れではなく、個別の独立した点の連続で歌うことになりますから、歌えなくはありませんが、相当ぎくしゃくした歌い方になるはずです。ということは、絶対音感のある人も歌うときは相対音感を利用しているはずです。見かけ上は固定ドで歌っていても、最初から歌詞を付けて歌うのと差がないかもしれません。もしくは最初に音程を取るときに絶対音感を利用して固定ドで一度音程を取り、歌詞を付けて歌う段階では相対音階に切り替えている可能性もあります。脳が音を発声するメカニズムの中で、一ステップ余分に労力を使っているわけです。もっともこれは脳の意識下で起こる現象なので、歌っている本人が気付くわけではありません。

移動ドで歌う場合は最初から相対音階を利用しますから、固定ドを利用する場合のような余分なステップは必要ありません。さらに絶対音感のない人が固定ドで歌うことは全く意味がありません。それくらいなら最初から歌詞を付けて練習したほうがよほど理にかなっています。これらから言えることは、通常歌唱の練習は移動ドで行うべきで、固定ドを使うのは特殊なケース、絶対音感のある人で移動ドに適応できない人のみにすべきであろうという結論になります。

移動ドでも固定ドでもどちらでもよいという意見もあります。それはその通りなのですが、これは各個人が恣意的に自由に決めることができるのではなく、各個人の脳が音を識別するメカニズムの違い、具体的に言えば絶対音感があるかないか、何歳の頃からどのような音楽教育を受けたかにより、必然的に決まるということだと思います。

ＡＩの作曲する音楽

～作曲のオリジナルとは何か～

人工知能：ＡＩ（artificial intelligence）の進歩は、人間の日常生活、社会活動、文化活動などすべての分野に少なからぬ影響をもたらし始めています。ＡＩによる自動運転は二〇二〇年頃には一部実用化されそうです。十年前に掃除ロボットが販売され、そのときの性能は今ひとつでしたが、その後大分改良されて十分実用に耐えるようになったようです。さらにロボット技術の進歩も相まって、人間の両腕を模した二つのアームによって調理するＡＩロボットも試作されています。

チェス、将棋、囲碁などボードゲームでは対局ソフト（ＡＩ）が人間を凌駕し、チェスではすでに二十年以上前から人間は全く勝てなくなり、将棋・囲碁でもプロ棋士と肩を並べる力を付け始め、二〇一六年にはトッププロとの対局でも勝利したと伝えられました。これらは深層学習（deep learning）というプログラミング上の新たな手法により実現したということはよく知られています。開発者があらかじめすべての動作を決めておく従来のプログラム方式に対し、深層学習は与えられた大量のデータをもとに自力で法則を見つけ、プログラムを改良していく方式です。この概念は一九八〇年頃からあったようですが、二〇一二年頃から急速に実用化が進み、ＡＩ研究のブレイクスルーと言われています。

ＡＩ技術は芸術分野にも足を踏み入れており、文学の世界では、日経「星新一賞」に応募したＡＩによる小説が一次審査を突破したことが話題になりました。最終審査までは残りませんでしたが、審査員も人間が書いたものか、ＡＩが書いたものか判別がつかなかったようです。これも深層学習を利用しており、星新一の作品を大量に読み込ませ、自動学習により抽出した様々なパターンを組み合わせて作品としたそうです。完全にＡＩの力だけでなく、アウトラインは人間が作ったようですが、いずれＡＩ単独で入賞する作品も出来そうです。

音楽でも同じような試みが行われており、ＡＩにより作曲された楽曲がＷＥＢ上で公開されています。曲想、ジャンル、曲の長さを指定すると、数十秒でオリジナルのＢＧＭを作曲するサービスも始まりました。これらは先に述べた小説と同じ方法で作られます。つまり大量の楽曲のデータをＡＩに覚え込ませ、自動学習により様々なパターンを抽出、蓄積し、それを組み合わせることにより新たな曲を作るわけです。

少し過去にさかのぼって、一九九〇年頃にもコンピューターに作曲させるプログラムが作られたことがありました。Ｊ・Ｓ・バッハ作曲の三百曲程度を対象とし、深層学習実用化の前でしたから、リズム、音階、ハーモニーなどのパターンは開発者が解析してコンピューターに記憶させ、それらを組み合わせてバッハを模倣した曲を作らせました。その中から比較的出来の良い作品を選んで、聴衆の評価を見るテストが行われ、本物のバッハの作品、ＡＩの作ったバッハ様の作品、当時音楽大学で音楽理論を教えていた教授がバッハを模倣して作った作品を、作曲者を伏せて聴いてもらい、Ｊ・Ｓ・バッハが作ったと思う作品を選んでもらいました。その結果は驚くべきものでした。ＡＩの作ったバッハ様の曲が本物のＪ・Ｓ・バッハの曲とした人が最も多いという結果になりました。さらに付け加えると、音楽理論の教授が作った作品をＡＩの作曲と判断した人が最多でした。

さて、こうなってくると作曲家の立場がなくなってきそうです。ＡＩの進化により奪われる人間の職業のリストでは、作曲家をはじめとする芸術家はかなり下位に位置付けられており、簡単にＡＩに仕事を奪われることはないと言われてはいますが、もしかしたらその存在が脅かされるのも時間の問題かもしれません。一方で過去の大量のデータを集積し、これを解析して組み直して作った曲はオリジナルとは言えない、人間の感性で生み出す曲こそオリジナルであり、ＡＩにはこの作業は不可能であるという主張もあります。しかし本当にそうなのか、人間の作曲はＡＩの作曲法と違うのか。この点に関してはもう少し突き詰めて考えてみる必要があります。その前にオリジナルとは何なのかということもはっきりさせておかなければなりません。オリジナルとは過去の作品、他人の作品を模倣しないということですが、果たして全く模倣のない創作は本当に可能なのでしょうか。

人間の脳の活動は、意識に上る活動と、意識に上らない活動があります。後者を意識下（無意識）の活動と言います。意識下とは意識のアクセスできない、コントロールできない脳の領域のことです。たとえば手で物を取ろうとするとき、この意図は意識した脳の活動です。その意図に続いて物を取ることを実行するためには、この動きに関連する数十本ある筋肉をそれぞれどの程度の力で、どのくらいの時間収縮させるのかを細かく指示する必要があります。この指示を意識的に一つ一つ行っていたのではスムースな動きはできません。この細かな指示は、あらかじめ意識下にプログラムされていた脳の回路が自動的に働くことによって達成されます。つまり最初の意図以外はすべて意識下の活動ということになります。見る、聞くなどの感覚に関しても、情報処理のほとんどは意識下で行われ、意識に上るのはその最終的な結果のみと考えられます。つまり脳の活動の大部分は意識下の活動であると考えられています。最近の脳科学の研究では、最初の運動の企図も外界の状況に応じて意識下に起こる自動的な脳活動であり、意識はそれを単に確認しているだけ、もしかしたら傍観しているだけと考えないと辻褄の合わないデータも出ています。

このことを踏まえて、作曲について考えてみるとどうなるでしょう。オリジナル曲の作曲を意図した場合、手順は作曲家によってまちまちと思いますが、最終的にメロディー、リズムを起想するときに働くのは、意識下の脳のはずです。そのうちいくつかが意識に上り、それを評価するのが意識の働きです。意識下の脳が音楽を作るときに使うのが、今までに蓄えられてきた音楽に関する情報です。多くのメロディーやリズム、その断片が記憶領域に保管されており、それらを部品としてランダムに組み合わせ修飾して音楽を構成します。これらの情報は過去に自分の作ったものもあれば、他人の作ったものもあります。曲は意識下では次から次へと生み出されますが、そのうち良さそうなものを意識のレベルに新たな情報として送り出します。意識はその中でさらに良いと思う部分を選択し、再考すべき部分はもう一度意識下に差し戻して、別の新たな情報をくみ出し、構成し直します。この繰り返しの結果、最終的に曲が完成します。脳の中に今までに蓄積されたメロディーなどの部品を使って、新たな曲を作るとなると、オリジナルではないとも言えそうですが、脳回路はこれ以外に作る方法を持たず、これをオリジナルと呼ぶわけです。意識上で意図して他人の作品を利用する場合を盗作、意識下での部品の組み合わせ方があまりに稚拙で他人の作品と類似している場合を模倣と言います。

以上のような人間の脳が作曲する方法は、考えてみるとＡＩが用いている戦略と同じであることが分かります。現時点では全く同じとは言えませんが、メカニズムの本質的な面でかなり近づいているのは間違いなさそうです。ソフト面、ハード面の改良がもう少し進めば、ＡＩの作曲能力は人間と肩を並べそうです。もちろん完成した音楽の良否を判定するのが人間であることは当分変わらないと思いますが、そうなったときにＡＩと人間はどのような関係を保つのがよいのか、そろそろ考え始めなければならない時期に来ているのかもしれません。それぞれ独自の道を行くのか、何らかの形で協力するのか、役割を分担するのか、遠くない将来、人間が直面しなければならない問題となりそうです。

社会のシステムを支え維持していくために人間が行っている仕事、収入を得ることが主要な目的である仕事は、いずれＡＩ＋ロボットが受け持つことになるはずです。小売業、外食産業の接客、カウンター業務、運送業の運転手、会計士、司法書士などの書類作成業務などは遠くない将来に人間の仕事ではなくなると見られています。数十年以内にはほとんどの仕事がＡＩ＋ロボットによって代替え可能となるでしょう。

もしかしたら音楽をはじめとする芸術分野や、囲碁、将棋なども例外ではないかもしれません。もちろんこの分野では結果だけでなく、その過程に楽しみを見い出すわけですから、可能であるからといってすぐにＡＩが人間に取って変わることはありません。しかしながら囲碁や将棋の世界ではＡＩと人間の関係をどうするか、その立ち位置、距離の取り方についてすでに考え始めています。音楽の世界でも、いずれこの問題を避けて通ることはできないようになると思います。

演奏会の収支を考える

プロ、アマチュアを問わず、音楽家にとって演奏会は自分を表現することのできる最も重要な手段です。自分の演奏を聴いてもらい、楽しんでもらい、評価を受けることで音楽を行っていることの意味、意義を感じることができます。

依頼されて出演する場合は、演奏して出演料をもらえば済むのですが、自分で演奏会を主催するとなると、たとえ小さな演奏会であっても開催するのは簡単なことではありません。特別なごく一部の人、団体は別ですが、多くの場合集客が簡単ではなく、収支がマイナスつまり赤字になることも覚悟しておかねばならないからです。

演奏会を経済的な面から見ると、その収入はチケットの売り上げ、プログラムなどに載せる広告収入、公的機関からの補助です。公的補助は多くの場合団体が対象で、一般的には個人が受けるのは難しいのですが、最近はインターネットなどから情報も得やすくなっていますので、こまめに目を光らせていれば、個人で応募可能な企画が見つかる可能性もあります。ただし恒常的な支援獲得は難しく、ほぼ無いと考えておいたほうがよいと思います。

広告収入も助けになりますが、これは自分の足でお願いに回る必要があり、かなりの労力になりますし、精神的にも負担感は大きい。援助を頼まれる側としてもうれしい話とは言えませんから、お願いするとしても年に一、二回が限度でしょう。見ず知らずの人にお願いするのは相当勇気がいりますから、話を持っていくとしたら知り合いの人、もしくはその人の関連している団体になります。この場合も疎遠な人には頼みにくいので、比較的親しい間柄の人になりますが、このとき普段からの付き合い、人脈がものを言います。普段から有力な人脈を広げる努力は必要と思います。

このとき注意しないといけないのは、広告といっても実際の宣伝効果はほとんどありませんから、実質的には寄付であるということです。つまり広告を出す側のメリットはほとんどありませんから、あまりに高額であるとか、頻繁になると、せっかくの良好な人間関係も疎遠になってしまう可能性もあります。演奏会が終わった後は訪問してお礼を言うか、少なくとも礼状もしくはEメールでもよいので感謝の気持ちを伝えることが大切です。余談ですが個人的な経験を言うと、演奏会に行っただけで、あとで電話やメールでお礼を言ってこられる音楽家もおられます。そのような方は演奏の質も高いことが多く、時間が許す限りまた演奏会に行こうという気持ちになります。

いずれにしても公的支援、広告収入の額には限界がありますから、主な収入源はチケットの売り上げになります。赤字にしないためにはチケットの料金を適切に設定することが大切です。少なくとも満席完売しても赤字になるような低い料金設定は良くないと思います。チケットを高くして売れれば余裕ですが、高ければ売りにくくなりますので無理なく売れる料金である必要もあります。無理のない料金設定と自分が思っても、一般聴衆が高いと感じ、集客が予想を下回れば赤字になります。

そのときにどうするか。頑張ってチケットを売るしかありませんが、積極的に売る人は少ないので出演者、関係者に枚数を決めて強制的に売ってもらうことになります。いわゆるチケットノルマです。これは一般企業でも製品の販売が伸びない場合、営業社員に販売ノルマを課す場合がありますが、これと同じ構図です。チケットの場合は売れなければ自腹を切ることになります。そうすれば個人的には赤字になりますが、演奏会の主催者は何とか辻褄を合わすことができます。

このやり方は場合によっては仕方がないと思うのですが、気になるのは既定のやり方になってしまっていることです。最初からチケットは売れないものだと決めて早々にノルマを割り当てるやり方です。長年の経験で通常のやり方では難しいことが分かってノルマ制にならざるを得ないのは理解できるのですが、（チケットの値段）×（売れた枚数）がその演奏会の市場価値、ひいては演奏自体の意義、価値につながりますので、なんとしてもチケットの売れるような演奏会を目指すべきです。チケットノルマはできるだけ避けるべきと思います。特に定期的に行う演奏会の場合、何回やっても集客が難しい場合は、根本的に考え直す必要があります。

一般に聴きに行くコンサートを選ぶ場合、演奏者、曲目、日時、入場料などで決めますが、演奏者が変わらないとすれば、最も影響の大きいのは曲目です。とすれば集客を増やすためには選曲を見直すしかありません。プラグラム構成を工夫して、一般聴衆の求める内容にする必要があります。

しかしながらこれがまた難しい問題で、好みは人それぞれですからすべての人が満足するプログラムなどありません。それと演奏する側にも当然好みがありますから、一般受けするからといって、あまり好きでもない曲ばかりでプログラムを構成するのも面白くありません。自分にとって演奏会を開く意義も薄くなってしまいます。ただし、いかに自分が好きで優れていると思っている曲でも、聴衆の感性に合わない曲ばかりだと自己満足になってしまい、ある意味では価値のない演奏会となってしまいます。結局、選曲のバランスが大切ということになりますが、やはり有名な曲、他の演奏家がしばしば取り上げる曲は多くの聴衆に受け入れられる確率が高く、このような曲を七割、すぐには受け入れられないかもしれませんが自分の演奏したい曲を三割程度のプログラム構成にするのが良いバランスではないかと個人的には思っています。

それでも難しい場合は、支出を圧縮するしかありません。主な支出としてはプログラム、チケットの印刷代、会場の使用料、出演料ですから、これらの削減を考えます。まず印刷代ですが、最近はパソコン、画像ソフトが普及して自分でチラシ、プログラムの原稿を作成することも可能です。デザインをすべて自分で行って、印刷だけ業者に依頼すれば、相当のコスト削減になります。入場者が数十人程度であれば自分で印刷することも可能です。画像ソフトに精通すれば相当にクオリティーの高いものもできますから、労をいとわず勉強して努力するべきと思います。苦手だから、よく分からないから、時間がないからできないなどは理由になりません。これは単にやる気がないだけで、やる気さえあれば誰にでもできます。

会場費については、できるだけ安い場所を探すことになりますが、演奏会の規模、場所、日時が決まってしまえば、選択肢は限られてしまい、現実的にはコスト削減は難しいのが現状と思います。

あとは人件費ですが、自分一人の演奏会もしくは他の共演者と対等の立場の場合は、自分の収入を我慢すれば済みますが、自分が主催して演奏家を依頼する場合、たとえば伴奏を依頼する場合など、極端な削減は難しくなります。ピアノの伴奏程度でしたら何とかなるとしても、複数の楽器、場合によってはオーケストラの編成が必要となれば、出演料は相当な額となり、個人では賄いきれなくなる恐れもあります。このような場合、出演料は収入から必要経費を差し引いた収益を分配する方法もありますが、収益がそれなりにあればよいのですが、少ない場合、出演はしたもののギャラは交通費程度などということにもなりかねません。しかしながら親しい間柄であれば、あらかじめ了承の上、この方法を考慮するのも一つの方法としてあるかと思います。ただし逆の立場、つまり自分が依頼される立場になった場合もこの方法を了承する必要はあります。

以上は私が個人的に、もしくは私の所属する団体で演奏会を企画する場合の経験から、苦労した点を述べたものですが、私が言うまでもなく多くの音楽家の方は身に染みて分かっておられることです。さらに多くの音楽家が望んでいるのは、演奏会を開催するときの労力、負担感がもう少しでも軽くなればということと思います。即効性のある良い方法はありませんが、結局、短期的、長期的にも地道にクラシック音楽ファンを増やしていく以外抜本的な解決は無いと考えます。

それではクラシック音楽ファンを増やすにはどうすればよいのか。次に考えてみたいと思います。

クラシック音楽ファン

クラシック音楽ファンの全人口に対する割合に正確な統計調査はありませんが、少なく見積もって人口の一％、多く見積もっても数％と言われています。音楽大学を卒業してクラシック音楽の演奏を職業とする場合、収入を確保するためにはコンサートに足を運んでくださる聴衆の数がある程度必要です。クラシック音楽のコンサートを開催して集客するためには、クラシック音楽ファンをもう少し増やさなければなりません。

一般的に音楽を全く聴かない人は少なく、ほとんどの人は何らかのジャンルの音楽ファンです。ということは人口の九五％以上がクラシック以外の音楽ファンということになりますが、この人たちの一部でも何とかクラシックにも興味を持ってもらい、せめてクラシック音楽ファンを一〇％台に乗せなければ、クラシック音楽演奏者にとって厳しい現実が続くことになります。

ところでクラシック音楽ファンとはどのような音楽を聴く人を指すのでしょうか。どのような音楽を聴くようになってもらえばよいのでしょうか。クラシック音楽とは何か、その定義についてまず考えてみる必要があります。

クラシック音楽とは文字通りでは古典音楽ということになりますが、時代を超えて認められる名作という意味が込められています。時代を超えてとは何年くらいなのかはっきりした基準はありませんが、通常百年から三百年というレベルでしょうか。ただこの定義に従えば、現代に作られた曲は時代を経ていませんからクラシック音楽とは言えなくなってしまいます。現代に作られた曲でもどう聴いてもクラシック音楽に分類すべき音楽はたくさんありますから、この定義をそのまま当てはめることは難しそうです。

クラシック音楽に対する言葉はモダン音楽になりますが、通常はポピュラー（大衆）音楽という言葉が使われます。ポピュラー音楽とはジャズ、ロック、ハワイアン、カンツォーネ、シャンソンなど、さらに日本では歌謡曲、演歌などクラシック以外のすべてのジャンルを含めるのが一般的のようで、かなり古い時代に作られた曲もあります。となると必ずしも作曲された時代だけで区別されているわけではないようです。

ではクラシック音楽とポピュラー音楽の本質的な違いは何かと聞かれると、感覚的には自明のようですが、その定義を厳密に答えるのは簡単ではありません。基本的には両者とも同じ西洋音楽の楽理を使って作られているからです。厳密に定義するのは難しいのですが、ある音楽を聴いてそれをジャンル分けする場合、その分類の仕方は多くの人で共通していますので、あいまいではありますが共通の了解事項があるのは間違いなさそうです。

ただし私自身はクラシック音楽、ポピュラー音楽という分類に以前から違和感を持っています。シューベルトの歌曲が好きですが、同時にZARD（坂井泉水）の大ファンで両方ともよく聴いています。これらを聴くと同じように心地良い気分になりますから、別のジャンルの音楽に分ける理由が見つかりません。

私はバッハ、モーツアルト、ベートーヴェン、シューベルトは好きでよく聴きますが、考えてみるとこれらがクラシック音楽に分類されるから好きなわけではなく、バッハ、モーツアルト、ベートーヴェン、シューベルトがそれぞれ好きで、それらがたまたま世間で言うクラシック音楽に分類されると考えたほうが当たっているように思います。クラシック音楽に分類される作曲家でも、たとえばシューマン、プッチーニなどあまり聴きませんから、クラシック音楽だから全部好きなわけでもありません。

逆にクラシック音楽でも、たとえばバッハは好きなので聴くが、その他の作曲家の作品は全く聴かないという極端な方もおられます。もしかしたらクラシック音楽として一括りで考えるのでなく、個別の作曲家単位で考えるほうが理にかなっているのかもしれません。とはいえ、やはりモーツアルトの好きな人はベートーヴェンやシューベルトやバッハやその他いわゆるクラシック音楽を志向する傾向が高いのも確かです。理屈を言い出せばきりがないのですが、多くの人がクラシック音楽という範疇も便利なので違和感を覚えながらも使っているのも現実です。ここでは一応便宜上、クラシック音楽とはバッハから始まり、二十世紀前半のバルトークくらいまでの、教科書の音楽史に通常載っている作曲家の作品と定義して話を進めたいと思います。

それでは、クラシック音楽が好きな人はどのようなきっかけで好きになるのでしょうか。また、クラシック音楽ファンになる年齢は何歳の頃が多いのでしょうか。はっきりしたデータはありませんが、インターネットのＹａｈｏｏ知恵袋、教えてＧｏｏなどのサイトで「クラシック音楽を好きになったきっかけは？」などの質問の答えを見たところ、その回答が垣間見えます。一つは幼少の頃からピアノ、バイオリンなどを習っていたケース、もう一つは、中学生もしくは高校生のときに級友の影響などにより聴き始めたのがきっかけになるケースが多いように思いました。後者の方がマニアックなファンになることが多いようです。好きになるきっかけとなった曲はバッハ、ベートーヴェン、モーツアルトが多いようで、マーラーなど長大な曲も目につきました。いわゆる親しみやすい曲を細切れに聴くだけではクラシックファンにはならないようです。小学生の頃に好きになったケースは少なく、大学生以降も少ないようです。

これは私自身の経験とも合っています。私がクラシック音楽を好きになったきっかけは中学校二年生の頃で、楽器店を経営している叔父が買ってくれたレコードを聴いたのが始まりでした。その曲はベートーヴェンの交響曲第六番「田園」で、フルトヴェングラー指揮のウイーンフィルハーモニー管弦楽団の演奏でした。最初からそれほど良いと思ったわけでもありませんでしたが、レコードがこの一枚しかありませんでしたから、毎日のように聴いていると次第に好きになってきました。この曲は今でも最も好きな曲の一つで、いろいろな指揮者の演奏を多分二千回は聴いたのではないかと思います。その後、同じような感激を得ることができるのを期待して、少しずつレコードを買い足していきました。中学生の頃でしたからお小遣いを全部つぎ込んでも、二、三ヶ月に一枚買うのが精一杯でした。せっかく買ったレコードなのでつまらないと思ってもこれを聴くしかありません。しつこく何度も聴いていると次第に良い曲と思えるようになり、むしろ最初それほど良いと思わなかった曲で時間をかけて好きになった曲ほど、何回聴いてもいつまでも飽きずに聴ける曲になる傾向があるのに気付きました。そのように考えると、現在のように物が豊富で、インターネットなどで音楽に簡単にアプローチできる時代より一枚のレコードを何度も聴かざるを得ないような環境のほうが、クラシック音楽ファンが増えやすいのかもしれないと考えてしまいます。

以上のようなことを踏まえて考えると、クラシック音楽ファンを増やすためのターゲットは中高校生で、バッハ、モーツアルト、ベートーヴェンの代表作を何でもよいので、聴く機会をできるだけ多く提供すればよいということになります。有名な一つの楽章だけでもよいのですが、部分的にではなく、すべての楽章を全曲聴くのが好ましいと思います。これは学校の音楽の鑑賞の時間が有効です。授業ですから嫌でも聴かなければなりませんから、これをきっかけに好きになる生徒もあるかもしれません。生演奏である必要はなく、聴く媒体が一定水準以上のオーディオセットがあればＣＤで問題なく、オーケストラなど大編成の曲、超一流の演奏家の演奏を聴けますから、むしろ良い面もあると思います。音楽家が出向いて生演奏を聴かすのであれば少し工夫が必要です。

音楽が良いと感じる脳のメカニズムはどのようになっているのでしょうか。耳から入った音の情報が、脳のネットワークの中を伝達されて、前述した大脳辺縁系の一部にある快感に関連した脳を刺激した場合、ドーパミンなどの神経伝達物質が放出され、その結果脳がこの音楽を好ましいもの、心地良いものと感じます。これを何回か繰り返していると、脳のネットワークの中に回路が形成されて、その音楽を聴くたびにこれが快刺激となって、その音楽をまた聴きたくなる。これがすなわちその曲が好きになるということです。このとき何度も聴くとドーパミンが出やすくなってますます好きになる曲があります。これは回路が次第につながりやすくなった状態で、強化と言います。逆にドーパミンが出にくくなって飽きてしまう場合は回路がつながりにくくなった状態で、馴化（じゅんか）と言います。これは曲によって差があり、脳が強化されやすい曲と、馴化されやすい曲がありま
す。

演奏を聴かせる場合、強化刺激となりやすい曲を聴かせるのがよいと考えられます。それも、できるだけ多数の人の脳に強化刺激となる曲であれば理想的です。それではそのような曲は何かというと、多くの人が好んで聴く有名な曲、いわゆる名曲と言われている曲です。

有名な曲にはやはりそうなる理由があります。これらの条件を満たす作曲家となると、個人的な好みもありますが、やはり前述したバッハ、モーツアルト、ベートーヴェンあたりでしょうか。たとえばバッハの二声のためのインヴェンションを全曲聴いてもらう、しかも嫌になるほど何回も聴かせるのはどうでしょうか。本当に嫌になる人もいるかもしれませんが、中にはこれをきっかけにクラシック音楽に目覚める人もいるはずです。

もう一つはコンサートに無料で招待し、一級の音楽家、楽団の演奏を聴いてもらう機会

をできるだけ多く作ることです。オーケストラのコンサートに招待すれば、最初は興味本位だけで来場する中に、ごく一部の人かもしれませんがクラシック音楽が好きになる人もいるはずです。ある程度（数十人分）の席をそのために確保し、その席に毎回中学生を招待するなど、方法はいろいろあると思います。演奏家が学校に出向いて演奏する方法も悪くはありませんが、やや押しつけがましい感があり、やはりコンサート会場に来場してもらうほうが効果があるように思います。費用は自治体の教育予算から捻出するのがよいと思いますが、楽団、演奏家の協力も必要です。長期的に見れば、音楽家のメリットになるわけですし、招待券の配布は、どのみち席が空いているのであれば、それで収益的に不利益になることはありません。

私個人的にも、クラシック音楽ファンが増えればそれに伴って演奏会も増え、地域の中でのコンサート開催も多くなるはずですから、大変喜ばしいことであると考えております。

プロとアマチュア

プロ（professional）とアマチュア（amateur）の違いについて考えてみたいと思います。

この二つの言葉は対立語ですから通常セットで使います。プロという言葉ですぐに思い浮かぶのは、野球、サッカー、相撲、ボクシング、ゴルフなどのスポーツ選手や、囲碁、将棋の棋士、画家、作家、音楽家などの芸術家ですが、これらにはすべてその分野のアマチュアがいます。

逆に「私はアマチュアです」と言う場合、その分野のプロがいることが前提となります。プロがいない分野でアマチュアという言葉は使いません。アマチュアがいない分野でもプロという言葉は使いません。これはたとえば弁護士や医師のように国家資格がある場合で、アマチュアの弁護士や医師はいませんから、その対語のプロという言葉は使いません。

芸術家以外の先に述べた分野の多くは各団体がプロ資格の認定制度を作っていますから、プロの定義は比較的はっきりしています。問題は芸術分野で、プロとアマチュアの境目ははっきりしていません。音楽家と画家は一応芸術大学を卒業した人がプロと言えないこともありませんが、作家に至っては大学の文学部卒業は全く関係ありませんし、他の職業を持ちながら執筆活動を行っている方も大勢おられます。

これらすべての領域に共通するプロ、アマチュア定義は何でしょうか。私は、結局その行為の対価としてお金を取れるかどうかがプロとアマチュアの違いではないかと考えます。その行為、パフォーマンスによって恒常的に収入を得ている場合、もしくは得る意思のある場合がプロで、そうでない場合がアマチュアです。その実力、受けた教育は直接は関係ありません。

これを前提に音楽家について考えてみますと、音楽大学を卒業しただけでは音楽の専門家、音楽家ではあっても、プロではありません。音楽のプロといっても、演奏のプロ、教育のプロ、レッスンのプロ、さらには音楽評論家などの文筆のプロなど様々です。これら複数もしくはすべてを兼ねている人もいるし、音楽大学を卒業しただけで、どのプロでもない人もいます。

プロの定義は前述したように、その行為の対価としてお金を取れるということですから、プロであると意思表示するためには、お金を要求しなければなりません。演奏のプロであれば演奏の対価として、謝礼を要求しなければなりません。周囲がいくら技量抜群と認めても、自分でお金を要求しないのであればプロではありません。もう少し言えば、プロだからお金を取れるのではなく、お金を取るからプロであると言えます。

音楽家であるからには、演奏活動だけで生活するのに十分な収入を得ることができれば理想的ですが、これが可能な人はそれほど多くはありません。多くの場合、レッスンや各種イベントでの演奏依頼を受けるなどの兼業が必要です。

弦楽器や管楽器の場合はオーケストラ、自衛隊音楽隊や警察音楽隊に所属するという方法があります。ピアノ、声楽などの独奏が主体となる分野では楽団所属は難しいのですが、学校の音楽教師には向いているようです。しかしながらこれら音楽関連の就職先も狭き門で、場合によっては音楽と全く関係のない仕事で収入を得る必要があります。ただここで大切なのは音楽関係以外の仕事を本職にするという理由だけで、演奏はアマチュアというわけではないということです。演奏の対価としてお金をもらえばそれはプロです。

それではお金をもらう、もしくは支払うことの本質は何でしょうか。これはその対価となった行為の価値を認めるということです。音楽家であればその技術を認めるということになります。演奏をして謝礼を求めないのは、自分の技術を自分で認めていないのと同じことです。演奏を依頼して謝礼を払わないのは、その音楽家の技術をプロとして認めていないということです。依頼されて演奏を行った場合は、堂々と謝礼を要求すべきです。演奏を依頼するのなら経済的な事情はあるでしょうが、それなりの謝礼を支払うべきです。

これは当たり前の話ですが、驚くことにしばしばボランティアで演奏を要求される場合があります。特に行政などの公的機関が絡んでくるとこの傾向があります。予算がないから、市民の税金を無駄に使えないから無償で演奏しろというわけです。これはプロの演奏技術を認めていないということにもなりかねません。もちろん担当者も本当にそのように思っているわけではなく、諸種の事情で申し訳なく思いながらも謝礼を払えない状況になってしまうのですが、これはやはり行政のシステムの問題が大きいのだと思います。予算の制限もあり払いたくても払えない状況があることも理解できるのですが、演奏を受ける側もここで怯んでは駄目で「お金を出さないのなら演奏しません」くらいは言うべきです。ただし、さすがにここまではっきりとは言いにくい。言いにくいのですが何らかの意思表示は必要で、そうでないといつまでたっても状況は変わりません。多くの人が報酬を要求しても、一部の人がボランティアでの演奏を引き受けてしまうと、やはり状況は変わりませんので、できるだけ無償の演奏依頼は引き受けるべきではないと思います。

お金をもらうことのもう一つの意味は、その仕事に責任を持つということです。ボランティアであれば、その責任はよほど大きな故意のミスでない限り免責されます。プロであれば責任を取らなければなりません。音楽であれば、それなりのレベルの演奏をしなければ批判されます。お金を要求してそれに見合うだけのパフォーマンスができなければ、いずれ依頼がなくなり、プロとしての活動が難しくなります。プロであれば期待に応えなければなりません。その自覚を持って、そのために普段から研鑽を積むことができ、自分なりに最高のレベルの仕事を行い、それに見合った金銭を堂々と要求できるのがプロと言えると思います。

経済活動としての音楽

人間の社会システムを支えている二つの大きな柱は、経済活動と治安維持です。治安維持は日常生活で意識する場面は多くありませんが、経済活動はあらゆる出来事に付随しています。経済活動は通常貨幣を介してなされ、物、労働、サービスなどの価値を貨幣に換算してその対価として支払います。お金を支払うことは、支払う対象の価値を認めることにほかなりません。受け取ったお金は自分にとって価値のあると思う物を手に入れるため、サービスを受けるために使います。言い換えればお金をもらうのは、必要な物を手に入れる権利、サービスを受ける権利を得ることと同じ意味となります。余談ですが、お金を貯めるのはその権利を保留するということです。お金を贈与することや一生涯使わないのは、その権利を放棄したことになります。

音楽分野の活動も経済とは切り離せません。演奏会を開催するためには、少なからぬ費用がかかります。楽団の運営にも莫大な経費がかかりますし、演奏家を依頼する場合にも報酬が必要です。個人レッスンの謝礼や、音楽会のチケット購入にもお金がかかります。

これらすべて価値に見合った対価としてお金を支払うことは一般の経済活動と同じですが、音楽の場合、その価値の相場である市場価格がはっきりしていないところが、通常の経済活動とは少し異なる点です。個人レッスンやチケット料金はある程度決まっていますが、出演料となると演奏家によってかなりの差があり、演奏家を依頼する側は戸惑うことがあります。有名な演奏家では百万円を超えることもありますし、数万円以下の謝礼でよい演奏家もあります。

依頼される音楽家側から見てもどの程度の謝礼があるのか、もしくはどのくらい謝礼を要求すればよいのか気になるところです。著名な音楽家の場合はマネージメント会社と契約して、出演料に関してはその事務所にすべて任せるのが普通ですが、これは例外と考えたほうがよく、通常は自分で交渉するしかありません。このときにどの程度の謝礼を要求することができるかは市場原理で決まります。つまり需要と供給のバランスです。相対的に需要が多ければ出演料は多くなりますし、供給のほうが多ければ出演料は少なくなります。ただし音楽は無くてもすぐに困るわけではありませんから、需要が多くてもあまりに高い出演料では、依頼を敬遠される可能性もあります。これは依頼する側の経済事情つまり懐具合にも影響されます。

個人レッスンやチケットの値段は演奏依頼ほどの差はありませんが、やはり多少の違いはあります。たとえば個人レッスンの場合、一時間あたり五千円から三万円くらいの差があるようです。これも前述した需要供給バランスの構図がそのまま当てはまります。

どの程度の報酬を要求できるかは音楽家にとっては切実です。特に音楽で生計を立てようする場合は出演料、レッスン料は重要な収入源なので、その基準がはっきりしない場合、請求する側も支払う側も大いに頭を悩ませる問題です。

このとき最も悪いのは、報酬なしで、つまりボランティアで引き受けることです。依頼する側から見れば、報酬なしで演奏を要求することです。前述したように報酬はその価値の対価ですから、支払わないということはその価値を認めないことにほかなりません。これは音楽家の社会的地位を下げることにつながります。またボランティア演奏が増えて支払わないのが普通になってしまうと、他の演奏者に迷惑をかけることにもなります。一般の人はこのような要求をすることはほとんどありませんが、学校、自治体など公的機関は時にボランティアを求めてくることがあるので要注意です。

値引きの要求もしくは相場よりあまりに安い報酬で出演を依頼されることがあります。これは依頼者側の財政基盤が弱い場合ですが、音楽家が知り合いの音楽家に演奏を依頼するときにも起こりやすくなります。これにはある程度は応じても仕方のない場合もありますが、簡単に応じるのは考えものです。報酬が少なくても出演したいイベントもありますし、義理も絡んできますから一律には言えませんが、できれば多少無理をしてでも安い報酬での依頼は避けるべきであり、また引き受けるべきではないと思います。その理由は、報酬は自分の演奏技術、価値を反映するものであるため、出演料を下げるということは自ら演奏の価値を下げることになるからです。安く頼めば、自分が頼まれる立場になったときも同じように安い値段で引き受けざるを得ないことになります。自分で自分の首を絞めることにもなりかねません。

他の業種ではどのようになっているのでしょうか。物品の販売の場合は基本的には需要供給バランスによる市場原理が働きますが、生活必需品と嗜好品では若干の違いがあります。嗜好品は高すぎると思えば買わなければよいわけですから、ほぼ市場原理で価格が決まるはずです。生活必需品の場合いくら高くても買わざるを得ませんから、販売を独占できればいくらでも高い値段を設定できます。販売の独占がなければ販売者間で競争原理が働きますから、値段はある程度抑えることができます。販売者間で協定を作って値段を決めると独占と同じような状態となり、市場原理が働きませんからこれは法律で禁止されています。

ホテルや旅館など宿泊業はその設備やサービスの質によって値段を決めますが、ビジネスホテルは別として、温泉旅館やリゾートホテルはどうしても利用しなくてはならないわけではないので、これは需給バランスの影響を直接受けます。経済が不況で訪れる人が少なくなると値段が下がりますし、土曜日、年末年始など需要が多くなると値段が上がります。

医師の場合は保険診療で診察料、薬剤料、手術料、検査料などが決まっていますから、変えようがありません。値引きもしてはいけないことになっています（ただし無料で診察することは差し支えありません）。

弁護士の場合は、二〇〇四年までは日本弁護士連合会によって決められた報酬の基準がありましたが、同年四月に廃止されました。現在は各事務所で独自に報酬を決めますが、従来の基準を参考にして決めている事務所が多いようです。

これらの中で音楽業界でも参考になりそうなのは、弁護士のケースでしょうか。特別有名な演奏家は芸能界のやり方を参考にしたほうがよいのかもしれませんが、一般の多くの音楽家は、ある程度の大きな組織が決めた基準となる報酬額を参考にして、そこから実力に応じて多少の増減をして、自分で決めるのがよいように思います。問題はその基準を決める大きな組織の役割はどこが担うのかですが、これはその地域によって異なります。地域の音楽活動の中隔となる団体があれば、金銭問題など個人では解決の難しい問題に関しては、積極的に介入すべきであろうと思います。

音楽大学卒後のキャリア

現在日本の高校卒業後の大学進学率は、統計によって多少の違いはありますが五五％程度と言われています。専門学校を含めると七五％になります。この中で音楽関係の学校に進学する割合はだいたい一～二％と言われています。総合大学の教育学部音楽専攻を入れると三％程度になります。

大学は総合大学と単科大学に分かれます。総合大学は理科系、文化系の、異なる複数の分野の学部を持つ大学です。単科大学は一分野のみの学部を持つ大学で、医科大学、看護大学、教育大学、外語大学、芸術大学などがあります。専門学校はより実務的で職業訓練的な教育を行います。専門学校ですぐに思いつくのは看護専門学校、美容専門学校、調理師専門学校などでしょうか。戦前は医学専門学校もありました。これらは卒業すれば免許を取得するための試験を受ける資格が与えられます。語学専門学校、情報専門学校などのように資格取得とは直接関連のない分野もあります。日本では一般に単科大学や専門学校に比べ、総合大学のほうがランクがやや上に見られる傾向があります。

それでは音楽大学はどうかといえば、多くは単科大学です。総合大学には音楽学部はほとんどなく、教育学部の中に音楽専攻があります。建前は、教育者を目指す総合大学の音楽科と演奏家を目指す単科大学の棲み分けということです。音楽専門学校もあります。これはクラシックよりもポップス、ジャズなどを対象とすることが多く、教育内容もより実践的です。

問題は卒業後の進路ですが、演奏家の養成が目的の教育が中心となっているにもかかわらず、実際に演奏家として独立できる人はごく一部です。さらにコンサートの演奏のみで十分な収入を得ることのできる人は例外と考えたほうがよく、多くの演奏家はレッスン、各種イベントなどの余興としての演奏依頼を引き受けるなどの副業が必要です。ソロの演奏家になること以外の卒業後の就職先としては、音楽関連であれば小中高等学校の音楽の先生、オーケストラの団員、自衛隊音楽隊、警察音楽隊などがありますが、これも狭き門で就職できる人はごく一部です。それ以外では音楽教室の教師、楽器店、放送局、音楽関連の出版社なども考えられますが、音楽とは全く関連のない仕事に就職する人も多いようです。

ところで他の学部はどのようになっているのでしょうか。医学部はどちらかと言えば職業教育ですから、卒業生のほとんどは医師になります。薬学部や看護学部もしくは看護専門学校は卒業生の大半は国家資格を取得して、薬剤師、看護師になります。これらは需要が多いので自然な流れかもしれません。法学部は卒業後法律家になる人は少なく、多くは一般企業に就職されるようです。経済学部は一般企業に就職するか、ベンチャー企業を立ち上げるなどの選択肢もあります。工学部、理学部も企業に就職しますが、技術者として働く人が多いかもしれません。文学部は作家、文学者になる人は少なく出版社に就職すれば知識を生かせそうですが、出版社の数は少ないのでやはり一般企業に就職する人が多いようです。

これらの学部において大学で習得した知識が卒業後の仕事の中でどの程度役に立つかは、業種によって様々です。医学系では仕事内容は学生時代の延長みたいなものですし、工学部など理科系もそのまま役立ちます。法学部や経済学部も企業においては、知識は大いに役立つはずです。文学部になると専門性が乏しく、就職にはやや不利と言われているようですが、直接ではなくても何らかの形で役立つはずです。

音楽大学を卒業して音楽と全く関連のない分野に就職した場合、学生時代の知識、技術を生かすのはかなり難しいようです。仕事に必要な知識は一からやり直しになると思います。音楽関連の業種に就職した場合はもちろん役には立ちますが、どの程度有用かは学校の教育内容にもよります。演奏以外の音楽関連の業種としては、音楽関連の出版社、音楽マネージメント、楽器メーカー、楽器店、放送局、音楽ホール、芸術文化振興の公益団体など意外とたくさん思いつきます。これら演奏はしないけれど音楽に携わる仕事という観点で広く考えるならば、音楽関連の仕事は多く、他の学部に比べて極端に就職口が少ないこともなさそうに思います。

このような現状に関して音楽大学卒業生はどのように考えているのでしょう。演奏家になることが当初の目標であれば、挫折感を感じる人もあると思います。一流のソリストを目指して頑張っている人にとっては、実現できなくて他の職種に就くことは割り切れない思いもあるはずです。そのときにどの時点で見切って方向を転換するかは人生においてとても大切なことです。

これは音楽関係だけでなくすべての分野で言えることですが、人生においてやりたいこととできることとは違います。もちろんこれが同じであれば一番良いのですが、これはなかなか難しく、多くの場合一致しないのが普通です。何が何でも自分のやりたいことを頑張って続けるか、自分のできることで得意なことを仕事として続けていくかは、個人個人それぞれの考えでよいのですが、多くの場合やりたいことにこだわり続けるより、できることに目を向けるほうが、人生の中で満足感や幸福感を得る可能性が高いように思います。

満足感、幸福感は脳が感じますが、これには二種類あります。一つは個体として感じる満足感で、好きなことをするときの快感による満足感です。代表的な例は摂食行動と性行動です。もう一つは社会、集団の中で自分の価値、能力、実績を認められるときに感じる満足感です。自分の属する集団のために何らかの役割を果たせている、他人のために役に立っているという意識と言い換えてもよいかもしれません。

これら二種類の満足感に関連する脳がどこであるか、すべてが解明されているわけではありませんが、最近の脳科学の研究でかなり分かってきました。これらは別の場所が働いているようです。個体の感じる快感は側坐核、腹側被蓋野などを中心とする大脳辺縁系、線状体などの大脳基底核と言われています。社会、集団の中で認められるときの満足感は、前述の個体が快を感じるときの脳に加え、前頭葉の背外側前頭前野、前頭眼窩野などが関連していると言われています。摂食行動、性行動は個体の生存、種の存続のため必要ですから、先天的に脳にプログラムされています。

自分の属する集団の中で認められたいと思う欲求（承認欲求）も、人間にとって根源的な特質と考えられます。なぜならその欲求が集団のためになる行動をする動機となり、ひいては集団の存続に有利に働くため、そのような特質を持った個体の多い集団が進化の過程で生き残る可能性が高いと考えられるからです。つまり現在まで存続している集団は、遺伝子的に承認欲求を脳の中に先天的なプログラムとして持つ個体が大多数を占めるはずであるということです。そうでない集団は淘汰されたであろうと考えるわけです。

これら個体として感じる満足感と、社会性の中で感じる満足感が同じ行為で同時に満たされれば理想的です。俗に言えば、好きなことを仕事にしてお金を稼げればこれ以上のことはないということです。ただしこれが実現できる人は多くありませんし、できたとしてもそれを維持するのは精神的にも、場合によっては肉体的にも負担が大きく、うまくいかなくなったとき逃げ場がなくなる可能性もあります。

そこでもう一つの考え方として、この二つを分離する方法があります。自分のできることで承認欲求を満足させ、好きなことで個体としての満足感を得る方法です。つまり必ずしもやりたいことではないけれど、できることを仕事にして経済的な安定と、社会のために何らかの貢献ができている、他人のために役立っているという満足感を得る。そして本当に自分のやりたいこと、それ自体で喜びを感じることを並行してやり続けるということです。ただし、人は他人に認めてもらえなければ満足ができないという習性がありますから、お金は稼げないまでも、ある程度の他人の承認があったほうが喜びが大きく、継続する原動力になることも確かです。ですから、その分野で向上するための相応の努力は必要です。その結果として世に認められて収入を得ることができれば、なお良しとするわけです。

他人にどの程度認められているかは簡単には判断できませんが、結局はその行為に対し、どの程度お金が取れるかということが判断基準になります。人は自分にとって価値のあると思うことにお金を出します。一、二回程度であれば義理で出すこともありますが、当然長続きはしません。多くの人がお金を出すということは、多くの人が認めているということです。その収入だけで生活ができるならばその道のプロと評価されることになります。

音楽大学の卒業生にこれを当てはめるとどうなるでしょう。演奏家としてプロを目指すならば、ある期間、ある程度は頑張らなくてはなりません。演奏家としての収入だけで生活できれば、可能な限りそれを継続すればよいと思います。ただ、演奏する以外の手段でより多い収入を得る道があれば、それに乗り換えるという選択肢も前向きに考慮すべきです。金額と評価が必ずしも比例するわけではありませんが、ものごとの価値の客観的なバロメーターとして最も重要なものの一つであることは間違いありません。その行為の対価としての金額がより多い場合は、より価値を認められていると考えるべきでしょう。経済的な自立は社会の信用を得るためにも必要です。経済的自立は心身の安定の前提条件とも言えます。経済的基盤をしっかり作った上で、音楽と向き合うという姿勢も立派な考え方であろうかと思います。

どこで方針転換を決断するかは難しい問題ですが、自分の中で年齢制限を決めておく必要もあるかもしれません。何歳になっても新しいことはできるとはいっても、自ずと限界はあります。囲碁や将棋のプロ制度は決められた年齢制限があります。将棋は奨励会、囲碁は院生というプロ養成機関があり、将棋は二十三歳までに初段、二十六歳までに四段にならなければ退会、囲碁は十八歳までに初段になることができなければ退会となって、プロの道は一応閉ざされることになります。音楽は決められた年齢制限はありませんから自分で決断するしかなく、かえって迷いは大きくなります。

方向転換を決めた場合、その後どの道を選択するかという難しい問題は控えています。特に音楽大学は音楽家の養成が目的であり、それ以外の職業に就くことを想定した教育はほとんどありませんから、自分の道は自分で切り開くほかありません。必要な能力は自分で勉強して身につけるしかありません。音楽大学が音楽に特化した教育のみを行うのは当たり前の話ですから、これは当然のことです。演奏会の企画、マネージメント、運営、文化施設の経営、管理、録音機器の操作、ＣＤ作成、語学など音楽活動を支えるための様々な能力を育成するための教育も行われていますが、まだ十分とは言えません。

専門以外の方面に進むときに必要な能力を一朝一夕に身につける特効薬はありませんが、学生時代から広い視野、視角を持って、様々な分野の見識を深める心掛けを持つことが大切と思います。これは演奏家の道を進むにしても大切な資質で、人に感動を与える演奏をするためには、音楽だけの知識ではなく、他の芸術も含めて様々な分野の見識が役に立つはずです。そもそもこれは豊かな人生を送るためにも大切なことで、話題が音楽に関することだけでは、人間関係は広がりません。音楽一筋が駄目というわけではありませんが、もし修業時代は音楽以外のことに目を向けてはいけないという指導があっても、それはほどほどに聞いておいて、自分の人生は自分で決めるという信念も必要ではないでしょうか。

良い演奏とは何か

演奏を聴いたときの評価は人それぞれで、同じ演奏を聴いても人によって全く反対の評価となることもあります。ある人は素晴らしかった、良い演奏だったと評価し、別の人はつまらなかった、あまり上手とは言えないなどと評価するケースもよく見かけます。好みの問題であるとも考えられますが、「良い演奏だったけどあまり好きではない」と評価することもありますから、人は演奏を評価するとき、自分の好み（好き嫌い）と、客観的な評価（良い悪い）は一応分けているようです。

それでは、良い演奏とはいったいどのような演奏なのでしょうか。良い演奏と評価する客観的、普遍的な基準のようなものが何かあるのでしょうか。また好きな演奏という評価と、良い演奏という評価の本質的な違いは何なのでしょうか。好きな演奏という場合は主観的な評価、つまり好みの問題であると考えがちですが、本当にその通りなのでしょうか。

良い演奏の中に好きな演奏があるとも考えられます。つまり良い演奏であることは好きな演奏であることの前提、つまり必要条件であるということですが、あまり上手ではないけど、好きな演奏ということもありますから、必ずしも必要条件ではないかもしれません。

また良い演奏とは美しい演奏である、もしくは聴く人に感動を与える演奏であるとする考えもありますが、これは単なる言葉の言い換えで、それでは美しい演奏とは何か、感動を与える演奏とはどのような演奏なのかということになってしまいます。
それでは良い演奏と評価するとき、人はその演奏のどの要素に注目しているのでしょうか。まず、基本的な技術がしっかりしていることが必要条件であると考える人は多いと思います。良い演奏と評価する場合の大前提とも言えます。音程、リズムの正確さ、音量音質の安定感は必須です。さらにミスが少ないことも重要かもしれません。良い演奏と評価されるためには、これら基本技術が一定のレベルに達していることを前提として、さらに他と比較して卓越した何かが必要です。ここから先は好き嫌いの領域に近づいてきます。近づきはしますが、好き嫌い、好みと表現できる特質よりは、客観性の高い何かのはずです。

それを考える前に、演奏による違いは何を変えることによって実現できるのかを考えてみたいと思います。これはジャンルによって違いがありますが、ここではピアノについて考えてみたいと思います。ピアノの場合は弦楽器や声楽と違って、調律してしまえば音程が演奏よって変わることはありません。変えることができるのはまず①リズムです。さらに鍵盤の押さえ方により、ハンマーが弦を打つ②速度、③加速度を変えることができます。またハンマーと弦の④接触する時間も変更可能です。これにより、音量、音質が変化します。さらにペダル操作も大きく影響しますが、打鍵に関する物理的なパラメーターとして私が思いつくのはこの四つくらいです。

これらを旋律の流れの中で変化させます。さらに和音の中で変化させますが、左手と右手で変えるのはもちろんですが、指ごとにも変化をつけます。それによって各音のバランスを変えることができます。それらパラメーターの変化の程度を値と言いますが、何段階くらいの値の調整が可能かどうかは、その人の技術、経験で決まります。この値は連続的に変えることができますから、その組み合わせは膨大なものになります。

その組み合わせの違いが、すなわち演奏の違いということになります。その組み合わせの中から、聴く人を感動させる最適な組み合わせを選択するわけです。その方法はいろいろ考えられますが、究極的には試行錯誤で探すよりありません。もちろん全くの試行錯誤ではなく、自分の演奏を客観的な耳で聞くことにより、修正点を考え、再度演奏してその結果を判定します。結果が良いと思えばそれを定着させ、良くないと思えばやり直しです。その過程を繰り返すことにより、次第に演奏の質を向上させます。

客観的な耳とは指導を受ける先生のことが多いのですが、最近は簡単に録音してすぐに聞くことができますから、自分で判定することも可能です。その判断基準は今のところ聴

料金受取人払郵便

大阪北局
承認
1017

差出有効期間
平成30年5月
9日まで
(切手不要)

郵便はがき

553-8790

018

大阪市福島区海老江5-2-7-402

㈱風詠社

愛読者カード係 行

ふりがな お名前			明治 大正 昭和 平成 年生 歳	
ふりがな ご住所	□□□-□□□□		性別 男・女	
お電話 番号		ご職業		
E-mail				
書名				
お買上 書店	都道府県 市区郡	書店名	書店	
		ご購入日	年 月 日	

本書をお買い求めになった動機は？

1. 書店店頭で見て　2. インターネット書店で見て
3. 知人にすすめられて　4. ホームページを見て
5. 広告、記事（新聞、雑誌、ポスター等）を見て（新聞、雑誌名　　　　）

風詠社の本をお買い求めいただき誠にありがとうございます。
この愛読者カードは小社出版の企画等に役立たせていただきます。

本書についてのご意見、ご感想をお聞かせください。

①内容について

②カバー、タイトル、帯について

弊社、及び弊社刊行物に対するご意見、ご感想をお聞かせください。

最近読んでおもしろかった本やこれから読んでみたい本をお教えください。

ご購読雑誌（複数可）	ご購読新聞
	新聞

ご協力ありがとうございました。

※お客様の個人情報は、小社からの連絡のみに使用します。社外に提供することは一切ありません。

く人の感性としか言いようがないのですが、組み合わせの数が膨大ではあっても、パラメーターが分かっていればコンピューターに入力して分析することができそうです。ハードウエアの進歩と、深層学習という機械学習の新たなプログラムアルゴリズムによるＡＩの進化により、それが可能となってきました。同じ音楽の様々な演奏家の演奏を入力し、その演奏に関し人間の判定した評価を点数にして教えます。そうするとＡＩが自動的に分析し、良い演奏の特徴を抽出します。入力する演奏の数を増やせば増やすほど精度が上がってきます。その上で新たな演奏をＡＩに聞かせて評価を出力させ、その結果が人間の評価と一致しているかどうかを検証します。これを繰り返すことにより、ＡＩの評価が限りなく人間の評価に近づいてきます。

この人間の評価の人間とは誰のことかというと、演奏をＡＩに入力するときに同時にその演奏の評価を与えた人間のことです。私が評価したのであれば私の感性に近づき、複数の人の合意によって評価した場合は、その集団の感性が模倣されることになります。音楽界の第一線で活躍している音楽家の演奏を入力し、それを良い演奏としてＡＩに入力した場合は、一般の音楽愛好家の評価もしくは世間一般の評価を反映したものとなります。

いずれこのような演奏を評価するコンピューターのソフトウェアが一般でも利用できる

ようになりそうです。しかも音楽家の評価を反映したソフト、一般聴衆を反映したソフト、音楽評論家の評価を反映したソフトなど、ケースバイケースで使い分けることも可能となります。そうなったとき利用する目的として考えられるのは、まずコンクールの審査です。練習のために自分の演奏を評価する場合にも使えそうです。

勘違いしてはいけないのは、ＡＩが感情を持って演奏の良し悪しを判定するわけではないということです。あくまで人間の感性を模倣し疑似的に再現したものです。ただし深層学習プログラムの特性で結果を点数で示すだけで、良い演奏と判定した理由の説明はありません。どこを直したら良い演奏になるかの指摘もありません。つまり演奏を入力して、結果が出力される途中経過はブラックボックスとなります。もちろんリズム、音程などの基本的な音楽の要素の評価は具体的に示すことは可能で、たとえばカラオケの機械が歌唱の得点を表示するなどということはすでに実用化されています。しかし、情緒的な表現の評価の過程を示すことは当分難しいと考えられます。

いずれにしてもこれによって良い演奏の評価基準ができるとまでは言えませんが、方法論としての演奏の評価基準、多くの人が納得する評価法を持つことはできそうです。ＡＩに演奏を聞かせて評価を得点で出力し、高得点を良い演奏とするわけです。機械に判定されて味気ないと感じる人も多いと思いますが、前述したように機械が判定するわけではなく、人間の判定を機械が代行するという言い方が一番合っているかもしれません。人間と違い、先入観や演奏者に対する個人的な感情が入らない分、より客観的な評価に近づくとも考えられます。

ただし以上のような評価基準はできても、最初の疑問である良い演奏の本質は何かという質問の答えにはなっていません。そこで少し視点を変えて、良い演奏と感じる脳のメカニズムがどのようになっているのか考えてみたいと思います。

脳が外界からの刺激、入力を受けるとき、その刺激を認識し、次に評価します。認識するのは主に脳を覆っている大脳皮質、大脳白質の役割です。これには前頭葉、頭頂葉、側頭葉、後頭葉があり、それぞれ役割が違います。大まかに後頭葉は視覚刺激、側頭葉は聴覚刺激、言語の認識、頭頂葉は触覚刺激、自分の体の位置、運動の認識、前頭葉はそれらを統合する役割と言われています。評価するのは脳の中心部にある大脳基底核、辺縁系と言われる場所で、これは感情脳とも呼ばれ、情動に関係する脳です。これらの脳は、受けた刺激をもう一度受けたい刺激なのか、二度と受けたくない刺激なのか、もしくはそのどちらでもない刺激なのかを判定します。もう一度受けたい、経験したいと判定される刺激は快刺激と呼びます。

音楽の演奏にこれを当てはめると、どのようになるでしょうか。音楽は音刺激ですから、まず側頭葉の聴覚中枢に入ります。それが前頭葉に伝達され、音楽として認識されます。さらにその音楽と演奏固有の特徴を理解します。つまり曲名、演奏形態、演奏のリズム、音程、音質、大きさなどを判別します。そのときにリズムや音程、音質の精度を判定し、それらが正確なほど良い演奏と判断します。この判断は次に述べる情動とは関連なく、それらが正確なほど良い演奏であるとする、人間文化の中で脳の中に恣意的に作られた基準であると考えられます。

次にその情報は脳の中心部の感情を制御する脳に送られ、情動反応を引き起こします。反応する脳の場所によって快刺激、不快刺激の判別が行われます。腹側被害野、側坐核と言われる場所が反応すると快刺激と感じます。島、前部帯状回が反応すると不快刺激と感じるようです。快、不快の程度は神経伝達の頻度と強さで変わってきます。また快刺激の場合はこれらの脳からドーパミンという神経伝達物質が放出されますが、ドーパミンの放出量が多いほど、快刺激と感じる度合いが強いと考えられています。

このことから良い演奏と判断する場合、脳がどのように活動しているかが見えてきます。

一つは、前頭葉が基準に基づいて判定し、リズム、音程などの精度が高く、正確なほど良い演奏と判断する要素です。これはいわゆる理性的な判断と言えます。二つ目は、情動に関連する脳、特に快刺激と感じる脳へ伝わりやすいほど良い演奏と判断される要素です。これは感情的な判断メカニズムと言えます。おそらくこの二つを一定以上のレベルで満たすものを良い演奏と判断していると考えられます。一つ目の要素は比較的容易に理解できると思います。二つ目の感情的な判断の要素はやや理解しにくい。相変わらずどのような演奏が情動に関連する脳に伝わりやすいのか説明してないからです。

残念ながら今のところこのメカニズムは解明できていません。ここで説明することもできません。ただし少し解明の糸口になりそうな脳の特性があります。それは同じ刺激を何度も繰り返し受け続けると、神経の伝達が起こりやすくなるという現象です。これが先に述べた腹側被蓋野や側坐核につながる伝達であれば、中立な刺激が次第に快刺激になります。つまり何度も同じ演奏を聴いていると、その演奏が次第に良い演奏、言い方を変えれば好きな演奏になってくるということです。俗に言えば、なじみのある演奏は良い演奏と感じるということです。

とすると、文化圏の違いによって基準が変わってくる可能性があります。その文化圏で良いとされる演奏、演奏法は多くの演奏家がそれを目指しますから、聴く機会が必然的に多くなります。その結果、多くの人が良い演奏と感じるようになり、その文化圏で良い演奏の基準となってくるわけです。

個人レベルでもこれと同じような現象が起こります。同じCDを何度も聴いていると、その演奏が好みの演奏になり、ひいては良い演奏の基準となることがあります。様々な演奏を何度も聴くことにより、ある特定の演奏パターンが神経伝達を起こしやすくなると、さらに何度も聴くようになり、ついにはそのようなパターンが良い演奏と感じるように脳の神経伝達ネットワークが構築されます。これを神経伝達の強化と言い、それを引き起こす刺激を強化刺激と言います。どのような刺激が強化刺激となるかは、聴く側の脳によりますが個人差があります。この個人差が、最初に述べた人それぞれで評価が変わる理由と考えられます。この個人差は全くランダムに生じるわけではなく、もちろんある一定の傾向があります。やはり一般に優れていると認められている音楽家の演奏は、多くの聴衆に対し強化刺激となりやすい傾向があります。というより多くの人に強化刺激となりやすい演奏が良い演奏と言ったほうがよいのかもしれません。いずれにしてもその文化の中で長年にわたって形成された良い演奏の基準、概念といったものが、その中で生まれ育った一般聴衆の感性に影響を与えていることは確かなようです。

長々と歯切れの悪い説明となりましたが、実はこれも無理からぬことで、この問題は音楽の演奏だけでなく、芸術一般の美しいとは何かという本質的な問題とつながり、古くから哲学上の難題と言われていますから、ここで私が簡単に解答を出せる問題でもありません。

ということで、良い演奏の本質とは何かの疑問に答えることはできませんし、良い演奏の客観的な基準を提示することもできません。別に基準を持つ必要はないのですが、音楽を話題とした会話の中で、基準を持っていないと他人の評価に影響を受けてそちらの考えに流されてしまいます。それが嫌であれば自分なりの基準を持っておく必要があります。一般的な基準がないのであれば、自分で基準を作らなくてはなりません。

私も一応基準は持っています。基準と言ってよいかどうか分かりませんが、良い演奏とそうでない演奏を判別する方法は自分の中でははっきりしています。その演奏を聴いてどれくらい心地良い気分になるか、聴いた後でまた何度でも聴きたいと感じるかどうか。これが私の判断基準です。このときリズム、音程、音質、ハーモニーなどの基本技術的なことは考慮に入れません。もちろん基本的技術がしっかりしていれば心地良いと判定する確率が高くなりますが、必ずしもそうでない場合もあります。あまりに主観的な判断と思われるかもしれませんが、数多くの演奏を聴いた上での主観的判断は客観的判断に近づき、その信頼度も高いものになります。

ただし良い悪いは相対的なもので、今までに聴いた演奏よりもっと良いと思う演奏が出てくる可能性はあります。また世間一般の評判による先入観に惑わされないようにしないといけません。そうでないと自分の評価でなく世間の評価を代弁するだけになります。固定観念にとらわれず、柔軟な聴き方が大切と思います。

結局自分が楽しめる、快と感じる、もう一度聴きたいと感じる演奏が、他人が何と言おうと、少なくとも自分にとっては良い演奏であるということだと思います。

コンクール

コンクールはフランス語の「concours」からの外来語で、英語圏では「contest」もしくは「competition」と言います。これは競い合うという意味ですが、人間は本質的に競い合う、戦うことが好きなようで、スポーツ、芸術、科学などほとんどすべての分野でコンクール、コンテストがあります。

人間は有史以前から生存が脅かされる事態になった場合、戦わないと自分もしくは属する集団の存続が危うくなりますから、遺伝的に好戦的な特質がプログラムされています。一方、あまりに好戦的で殺し合いをしていると集団が内部から崩壊しますから、他人に危害を加える（特に殺害する）ことには嫌悪を感じるようにもプログラムされています。これら相反する本能のバランスをうまく取りながら個人、集団は存続するわけですが、時に武力衝突が起こります。この規模が大きくなると戦争ですが、もちろんこれはお互いにとって好ましいことではなく、戦争続きの古代ギリシャにおいて、相手に危害を加えることなく戦う本能を満足させるため、オリンピックが始められたとも言われています。現代オリンピックはそのような目的で始められたわけではありませんが、やはり自分の国の選手が戦う姿を見ると応援に熱が入ります。自分の属する集団の代表として自分の代理で戦ってくれているような気分になり、良い成績を上げれば自分のことのようにうれしくなります。

戦い、競争を好む理由はもう一つあります。それは他人に認められたいという欲求です。この欲求は人間のかなり根源的な性質のようです。これが原動力となって個人が努力し、その属する集団の力が向上し、集団として存続しやすくなります。進化論的に言えば、そのような特質を持たない集団は淘汰されたということになります。

好戦的であることと人に認められたいという人間の特性が、競争やコンクールを指向するエネルギーとなります。戦う欲求を満足させますし、上位に入賞すれば人に認められたことが明らかに認識できます。その典型は陸上競技や競泳競技です。これはルールも結果も明白です。武道は戦いそのものですし、多くの球技も点をどれだけ多く取るかという戦いです。

音楽演奏における競争もコンクールと呼ばれ盛んに開催されますが、この分野は実は競争に向いているとは言えません。理由は、そもそも音楽が競争を目的としたものではないことと、優劣の判断基準が不明確だからです。芸術の目的は美であり、多くの人に感動と安らぎを与えることだとすれば、より多くの人により強い感動を与えるパフォーマンスがより良い評価を受けるべきですが、この判定は簡単ではありません。明らかな技術の差があれば誰が審査しても同じ結果になることもありますが、ある程度以上のレベルになると審査員間での評価のばらつきが大きく、好みの問題としか言いようがない場合もあります。

審査員はできるだけ自分の好みは抑えて客観的に判断すべきであるかというと、それも問題があります。あまりに客観を意識しすぎると、極端な話、音程、リズム、ハーモニーの正確さのみで判定することにもなりかねません。これらの基本的な技術はもちろん大切で、正確にできるほど感動を与える確率は高くなりますが、ある程度以上のレベルになればこれら基本技術以外の要因、たとえば感性の寄与する割合が高くなります。国際コンクールのレベルになれば基本技術で優劣をつけることは難しくなり、審査する上でそれ以外の要素の占める比重が高くなりますが、これらには当然審査員の主観が入ります。というより美に客観的な基準がないとすれば、主観に頼らざるを得ません。審査は客観性が要求されるが、判定の根拠は主観であるというジレンマが生じます。結局、多くの人の主観を代弁することが審査員の役割ということになりますが、この主観が一般の多くの人の主観とあまりにかけ離れているようだと、審査としては不的確ということになります。体操競技やフィギュアスケートなどの採点競技は芸術分野に近い感じはありますが、これらはその精度を競う競技であり、採点基準が厳密に決められていますから、審査員間でのばらつきは少ないようです。

さて、それではこのように判定の基準のあやふやなコンクールに出場することの意義はどこにあるのでしょうか。これは音楽のプロとアマチュアではやや違いがあります。プロの場合は、多くの人にその技量が認められるかどうかはかなり切実な問題です。ショパンコンクールやチャイコフスキーコンクールなど有名な国際コンクールで入賞すれば、その後の演奏会で集客に困ることはないばかりか、待っていれば演奏の依頼がいくらでも舞い込みます。音楽家であれば誰でも望む、演奏会の収入だけで生計を立てることも容易となります。それほど大きな国際コンクールでなくても入賞すれば大きなステータスとなりますから、その後の演奏活動に有利になることは間違いありません。

聴衆にとってもメリットがあります。それほどしばしば演奏会に足を運べるわけではありませんから、その少ない機会には、できることならいつも良い演奏を聴きたいと思っている人は多いと思います。自分の耳、感性でそれを見極めて、優れた演奏家を探し出すのも一つの楽しみではありますが、それにはかなりの時間と根気が必要です。コンクールに入賞した演奏家であれば、一定のレベル以上であることは間違いありませんから、演奏会に行っても大きな失望はないはずです。聴くべき演奏家を選ぶ良い目安になります。一度大きなコンクールで入賞すれば、それ以上コンクールに出る意義はなくなります。むしろ落選して人気の落ちるリスクを伴います。

アマチュアの場合はだいぶ事情が違います。コンクールに出る第一の目的は、他人の評価を受けて自分の技術実力を認めてもらうことです。前述しましたように、他人に認められたいという欲求は人間にとって根源的なものだからです。ただし、入賞しても、他人に認められるという満足は得ることができますがそれが収入につながるわけではありません。逆に落選しても収入には全く影響しません。しかも認められたという満足感は長くは続きませんから、何度でも同じコンクールに出場する傾向があります。

アマチュアがコンクールに出るもう一つの目的は、今までやってきたことの妥当性の確認にあります。基本的な技術習得のための練習方法、演奏に関する考え方などが良かったのかどうか、ある程度客観的に評価を受ける機会となるからです。これはアマチュアにとってはかなり貴重な経験となるはずです。

さらにもう一つ大切な目的があります。コンクールに出る場合、演奏会の場合と比較して同じ曲を練習する回数が遙かに多くなり、音程、リズム、ハーモニーなど細かな点のチェックもより厳しくなりますが、これが演奏技術向上に寄与することは間違いないと思います。もしかしたら、これこそアマチュアのコンクール出場の最大の目的かもしれません。

私の演奏種目は声楽で、コンクールと言えば合唱もしくは声楽アンサンブルです。この分野について言えば、私の在住している地域（広島県）では合唱コンクールの出場団体が次第に減っています。コンクールで評価を受けることを好まない人が増えてきたのか指導者の方針なのか、理由は不明ですが少し残念な気がしています。演奏は人に聴いてもらってこそ意味があり、聴いてもらうからには良い演奏をして感動してもらいたいと思います。そのためには不断の研鑽も大切ですが、その一助となるコンクールへの出場も積極的に考えるべきではないかと思います。

コンサートのマナー

クラシック音楽のコンサートでは、複数楽章からなる曲の場合、楽章と楽章の間では拍手をしないというマナーがあります。マナーというより習慣と言ったほうがよいのかもしれません。このマナーは概ね守られていますが、時々楽章間に拍手が起こる場合がありま す。あまりに素晴らしい演奏で思わず拍手となる場合もありますが、多くはクラシック音楽のコンサートに慣れていない方の知識不足により、曲が終わったときはもちろんのこと、曲の切れ目でも拍手をするものだという勘違いによる拍手です。拍手がごく少人数で間違いに気付いてすぐに収まる場合もありますが、その拍手に誘発されて少なからぬ人数に拍手が広がることもあります。

さて、このときに演奏者はどのように対応すべきでしょうか。演奏者の中でも、楽章間の拍手を嫌がる方と比較的許容される方がおられます。どちらが良い悪いということはありませんが、いずれにしてもこの拍手を無視すべきではないと思います。クラシックコンサートに足を運んだ経験のない人が何らかのきっかけで来場されたということは、少しでもクラシック音楽に興味を持っていただいたということであり、演奏者にとっては好ましいことです。それをクラシック音楽を聴く基本的なマナーを知らないからといって、拍手を無視して演奏を続けるのは礼儀にかなっているとは思えません。何らかの対応をするのが普通の感覚ですが、私は座って演奏をしている場合は一度立ち上がって、立って演奏している場合は楽器を下ろして、一礼をして拍手に応えるべきと考えます。この意見に対しては、そんなことをしているといつまでたっても勘違いが続くという異論が予想されますが、それはそれでたとえばクラシック音楽を聴くときのマナーに関する小冊子、パンフレットなどを作るなど別の方法で啓蒙すべきと思います。

聴衆としての私の個人的な感覚としては、楽章間に誰かが拍手して曲の流れが途切れても特に気にはなりません。気持ち良く聴いていたのに、集中力が途切れて困るなどということもありません。むしろ拍手にもかかわらず演奏を続ける演奏者に出会うと、ちょっとこれはどうなのかなと違和感を覚えます。

ただ演奏者側の立場も分かります。拍手があっても無視して何が何でも演奏を続けると決めている演奏者はいないはずです。演奏者も一瞬迷うのだと思います。演奏をそのまま続けるか、一度挨拶をするか一瞬迷った上、演奏を継続されることもあるかと思います。同時に一瞬困ったような顔で会釈をして、その後すぐに演奏を続ける人もおられます。まさに迷いの表れです。客席千人規模の大会場であれば演奏者と聴衆の距離が遠いのであまり問題にはなりませんが、数十人程度の小さな会場ではすぐ目の前で演奏をすることもあり、表情まで全部見えますので、時に問題となることがあります。聴衆側からすれば拍手を無視されたような気分になり、ちょっと不愉快な感情を持つこともありえます。演奏者としては、迷わないようにはっきりと自分の演奏会のスタイルを決めておくのがよいと思います。つまり拍手がないときは演奏を続ける、もし拍手があったら演奏を中断して一礼して拍手に応えるなどとはっきり決めておくわけです。

私は十年前から、自分の作った小音楽ホール（五〇席程度）に演奏家を招いて定期的にコンサートを開催しておりました。二年前に中止するまで、ほぼ月一回ペースで一〇〇回前後行ったと思います。多くの演奏家はこの楽章間の拍手に対しては寛容だったように思いますが、時に神経質な演奏家がおられました。バッハのバイオリン曲でしたが、その演奏家から「この曲は楽章間に拍手があると集中が途切れて気分が乗らなくなるので、あらかじめ拍手をしないようにお願いしておいてもらえないか」との希望がありました。さすがにそれもおかしいので説得してそのまま演奏してもらいましたが、幸いにも拍手はなく事なきを得たことがありました。

一方、同じ曲を別の演奏者がプログラムに入れられたことがあり、その演奏会では組曲の第一曲目が終わったときに一部の観客から拍手が起こりました。その演奏者はおもむろにバイオリンを下げ、ゆっくり一礼されました。その後簡単に楽曲の説明をされ、二曲目を続けられました。二曲目と三曲目の間では拍手した人も間違いに気付いたのか拍手はありませんでした。演奏も素晴らしいものでしたが、その余裕のある立ち振る舞いにとても感心させられたのをよく覚えています。その方は観客に気持ちよく聴いてもらうことを第一に考えておられたのだと思います。演奏家のこのような寛容で余裕のある態度は、クラシック音楽ファンを増やしていくためにもとても大切なことと思います。

次なる問題は、コンサートの開始時間に遅れた場合どうするかです。できるだけ遅れないのがよいのは当然ですが、現代社会で確実に遅れない方法はありません。ある程度は時間に余裕を持って着くようにとは考えますが、交通渋滞など不測の事態は起こりえますので、一定の割合で遅刻します。会場に着いたらすでに演奏は始まっていた場合、他の客の前を通って席に着くには迷惑になりますから止めたほうがよいと思いますが、ドアをそっと開けて会場に入り、後ろで立って聴くのは問題ないように思います。

ただし主催者によっては一曲が終わるまでドアを閉鎖して入場させない場合があります。以前はオペラで一幕が終わるまで入場できないこともありました（最近はあまりないようですが）。私の考えではこれは少し厳しすぎるのではないかと思います。音を立てないように入れば、演奏者にも聴衆にもそれほど迷惑がかかるとは思えません。

私は一度バレエの発表会で、演技が始まったら入場できないだけでなく、ドアを施錠して途中で出るのも禁止とした会場に居合わせた経験があります。バレエの上演ではもしかしてこれが普通なのかとも思いましたが、だとしたらその集団自体が一般の常識からあまりにも逸脱しているように思います。さらに子供の発表会で演奏中の出入りを禁止していることがあり、遅れて着いたのでしばらく待って曲の合間に入れてもらったことがありますが、入ってみると聴きに来ていた小さな子供が演奏中に走り回っていました。このような状況で、果たして演奏中にドアを閉鎖する必要があるのか大いに疑問を感じました。

そもそも聴衆には、それがつまらない演奏であれば堂々と会場を後にする権利があります。少なくとも最後まで付き合う義務はありません。コンクールなど特別な場合以外は、一般聴衆に極端に迷惑にならない程度の入退場は許容すべきと思います。演奏者ファーストか、観客ファーストかという問題になりますが、やはり聴いてくださる観客ファーストという視点をしっかり持つ必要があるのではないでしょうか。

三番目に演奏中の撮影、録音の問題があります。これはマナーというより規則と言ったほうがよいのかもしれません。多くの演奏会は演奏中の写真撮影、録音を禁止しています。

これはもちろん主催者の権利で、撮影、録音をしてほしくなければ禁止することは自由です。著作権法では「実演家はその実演を録音し、または録画する権利を占有する」とあり、法的にも保護されています。ただし主催者、出演者が了承すれば、撮影も録音も可能です。プロの演奏家が録音を禁止するのは、もし録音して後で聴くことが自由にできたら、ＣＤなど音楽媒体の売り上げが落ちますから、経営的な理由によるものと考えられます。もしくはその録音したものでＣＤを作成して不法に販売する、ＹｏｕＴｕｂｅなどを利用してインターネット上で流すなど営利目的で利用されると都合が悪いこともあります。特に有名なアーチストの場合、これは当然のことでしょう。

アマチュアの場合は、撮影も録音も禁止しない場合がしばしば見られます。これまた当然のことで、ＣＤを作って販売しているわけでなければ、録音して聴かれたからといって経済的に影響を受けるわけではないからです。私も独唱もしくは所属しているアンサンブルグループの一員としてコンサートで歌うことがあるのですが、撮影、録音は禁止していません。自由に録音してもらって後で聴いてもらえるのはとてもうれしいので、時々ジョーク半分で録音していただいても差し支えありませんとアナウンスするのですが、残念ながらほとんど録音される方はおられません。というより今まで録音までして、後で聴いた人は（多分）皆無だと思います。録音してまで後で聴くほどの演奏ではないのは分かってはいますが、少し寂しい感じになります。以前、大学医学部で講義をしていましたが、そのときノートも取らずに聞くだけの学生がいました。ノートを取る価値もない講義と思われているのかとがっかりした覚えがあります。そのときと似た気分です。

プロの演奏家は録音されるのを嫌がる傾向があります。なぜ録音が嫌なのか、私たちアマチュアには感覚的に理解し難い面があります。その理由を聞いてみると、「演奏技術は自分の財産だから勝手に撮ってもらっては困る」「いつもうまく演奏できるわけではないので、失敗した演奏を広めてもらっても困る」といった理由を述べる方もおられましたが、今までの慣習で演奏会の録音は禁止すべきという既成概念で、何となく録音を拒否している場合もあるように思いました。最近ＹｏｕＴｕｂｅなどで、プロの音楽家の演奏を家庭用ビデオで撮影した動画が流れるのをしばしば見かけます。録画録音を許容されている音楽家も結構な数おられるようです。一律に録音、撮影禁止でなく、コンサートによっては許可するという柔軟な考え方があってもよいのではないかと思います。

ダイク（ベートーヴェン交響曲第九番ニ短調）

日本のクラシック音楽界では十二月は「ダイク」の季節です。「ダイク」は「第九」で、皆さんご存知のようにベートーヴェンの交響曲第九番ニ短調のことですが、WEBで調べてみると日本で第九のコンサートを行っていない地域はほとんどありません。各県に最低一つ、県によっては数カ所で開催されています。国民的行事と言うと言い過ぎかもしれませんが、十二月の風物詩にはなっていると思います。そろそろ俳句の季語にもなりそうな勢いです。十二月以外では第九の演奏会の頻度は極端に少なくなります。ベートーヴェンの他の交響曲は頻繁にプログラムに載りますが、九番に限っては十二月以外で聴くことは滅多にありません。

欧米でも音楽祭などの最後にこの曲を演奏することはありますし、ライプツィヒ・ゲヴァントハウス管弦楽団とウイーン交響楽団は十二月三十一日に演奏する慣例があるようです。しかし他の多くの楽団では特に十二月に演奏する習慣はなく、十二月にここまで演奏会が集中するのは日本だけのようです。

なぜ日本でこのような習慣が出来たのかはっきりした理由は分かりませんが、始まった時期は戦後間もない頃のようです。調べてみると一九四七年にNHK交響楽団の前身の日本交響楽団が年末に三日連続で演奏して大変評判になり、一九五五年頃から他のオーケストラも十二月に演奏する習慣となってきたという記事がありました。私の記憶をたどってみると、高校生の頃十二月三十一日に紅白歌合戦の裏番組としてＮＨＫ教育テレビで放映されていたのを、家族とは別のテレビで見ていたのを覚えています。私が高校生の頃というと一九七〇年頃ですから、戦後からその頃までずっと続き、さらに昭和が終わり、平成の時代も三十年になろうとする今でも継続しているばかりか、年ごとに盛んになっているように思います。確かにこの曲はベートーヴェンが晩年に作った、交響曲としては最後の曲で、荘厳な響があり、年末に「今年も大変だったけど、無事に終わって良かった」としみじみ感傷にふける日本人独特の気風に合っているのかもしれません。

合唱団は公募で集められることもあり、練習回数もしっかり取って初心者も参加可能な演奏会も数多くあります。結構人気もあり、参加者は数百人レベルに及ぶこともあります。ここまでの人気になった理由はよく分かりません。ベートーヴェンが好きで自分も演奏したいと思って参加する人は多いと思いますが、普段ベートーヴェンの曲をあまり聴かない人もたくさん参加しています。ベートーヴェンが特に好きというわけではないけれど、第九の合唱には参加するという人もいます。超有名なクラシックの曲をオーケストラと一緒に歌う機会など滅多にありませんから、その場に身を置きたいという単純な動機の人もいるのかもしれません。もちろんそれが悪いわけではありません。合唱に参加したことがきっかけになって、ベートーヴェンを聴くようになり、ベートーヴェンが好きになり、ひいてはクラシック音楽ファンが増えれば、そのきっかけが何であれ大変好ましいことと思います。

私は元々ベートーヴェンの曲を聴くのは大好きですが、交響曲第九番の合唱を聴いて、歌ってそれほど楽しそうな印象はありませんでした。それで今まで参加しなかったのですが、昨年（二〇一六年）はちょっとした縁があって合唱に参加しました。歌ってみると、聴くだけでは分からなかったいろいろな発見があって、それはそれで良かったとは思いますが、本音を言うとやはり聴くほうが楽しいという思いは拭えません。ベースにしてはやや高い音がありますが、旋律、音程などそれほど難しい場所はなく、最大限に大きな声で歌っても、オーケストラの中に溶け込んで、大きな存在に包み込まれるような心地良い感動がありました。ただベートーヴェンを聴いたときに受ける感動とはやや異質なものを感じました。合唱に参加して歌う楽しさは、同じような状況であれば、もしかしたら別にベートーヴェンでなくても同じかなという印象です。今回たまたまベートーヴェンであっただけで、たとえばマーラーでも心地良さは変わらないのではと思ってしまいました。とはいえ合唱に参加する楽しさはかなり魅力的なので、これからは時々参加しようかとも思っています。

ところで演奏会の企画は誰が行ってもよいのですが、第九の演奏会の場合、その企画主体は大きく分けると三つになるようです。最近私が参加したのは合唱団が企画した演奏会でしたが、他にはオーケストラが企画する場合、放送局などの音楽関連の団体が主催する場合があります。放送局などが主催する場合は財政基盤がしっかりしていますから、プロのオーケストラと契約し、合唱団は公募して集め、合唱指導者は何人かと契約して指導に当たってもらうことができます。オーケストラが主催する場合は合唱団に共演を依頼することになりますが、多くの場合合唱団はアマチュアですから費用は多くはかかりません。ソリストへの謝礼は必要ですが、通常のコンサートに若干の費用が上乗せされる程度です。

問題は、合唱団もしくは第九の合唱を歌いたい人が一時的に歌う会を結成してコンサートを企画する場合です。この場合はオーケストラに共演を依頼することになりますから費用がかかります。ある程度のレベルの楽団であれば最低百万円、通常二百～三百万円は必要です。費用の問題だけでなく、オーケストラ、指揮者との交渉も必要で、これはかなり大変な事業になります。そこまで頑張って企画する意義がどのくらいあるのかが問題です。

交響曲第九番は、合唱が主ではなくて管弦楽が主体の楽曲です。いろいろな意見はあると思いますが、私の感性では核心部分は第三楽章です。その証拠にこの楽想はその後の後期の弦楽四重奏に引き継がれてきます。第四楽章の合唱は全体の一部と考えるべきで、ここから話を始めるのは少し疑問です。「第九を歌う会」などの企画を見ると、この交響曲の中心が合唱にあるように思われているようでやや違和感を覚えます。

合唱に参加することがきっかけでベートーヴェンの他の曲も聴くようになる人が増えればそれはとても望ましいことですが、このような企画では歌うことがすべてで、これで完了してしまう人もあり、その後クラシック音楽を聴くという趣味につながらないこともあって、残念な感じを受けることもあります。合唱人主体の企画が悪いわけではないのですが、どちらかと言えば管弦楽関連の団体主催のほうが好ましいように思います。合唱で歌いたいという希望があれば、その企画に乗るという考え方のほうが無理がないように思います。

音楽著作権

著作権とは知的財産権の一つで、著作者の著作物に関する権利です。著作者以外の人が勝手にその著作物を利用できないように保護されています。これは特許権と似ていますが、特許権が申請することにより認められるのに対し、著作権は申請の必要はなく、作った段階で著作者の固有の権利となります。音楽に関しては作曲、編曲、作詞、出版された楽譜、演奏の録音、録画、それによるＣＤ、ＤＶＤなどが著作物に当たり、これらに関する権利が音楽著作権ということになります。

これらの利用を希望する場合は通常、著作権所有者の承諾および使用料の支払いが必要となります。出版された楽譜はコピーが制限されています。他人が作った曲を演奏する場合、基本的には曲の著作権者に連絡して、相談の上使用料を決めて何らかの方法で支払うことになりますが、現実問題としてこれはほとんど不可能なので、代行業者に依頼することになります。日本には著作権に関する事務手続きを管理代行する団体がいくつかありますが、最も大きな団体が日本音楽著作権協会（ＪＡＳＲＡＣ）です。これは公共の団体と思っている人もあるようですが、一般社団法人で民間の営利団体です。

作曲家、作詞家、演奏家などの多くはこれらの団体と契約し、著作権使用料の徴収を委託しているため、もし仮にそれらの作曲者本人に連絡がついて交渉しようとしても、ＪＡ

ＳＲＡＣに委託しているのでそちらと交渉してくださいという話になるはずです。ＪＡＳＲＡＣは単なる代行業者ですから、この指示に従う必要はありませんが、著作権者（作曲家、作詞家など）がこの代行業者を介して支払うよう要求するなら、それに従う必要はあります。その代行業者がその後、著作権所有者にどのようにどの程度支払うかはこちらの関与すべきことではありません。

演奏許可を得ることと、必要であれば使用料を支払う義務は演奏者側にありますので、指示されたから、要求があったら支払うのではなく、最初から自発的に支払わなければなりません。ただし明らかに著作権の消失している場合（たとえばベートーヴェン、モーツァルトなどの楽曲のみのプログラムである場合。著作権は音楽の場合、創作者の死後五〇年で消失します）は、ＪＡＳＲＡＣなどの代行業者に報告する義務は全くありません。

ＪＡＳＲＡＣから「演奏会を開催する場合はどのような曲でも一応申請していただいて、ＪＡＳＲＡＣで支払いが必要かどうか決めます」と言ってこられる場合があるようですが、前述のように明らかに著作権料の発生しない場合は、無視してかまいません。

余談ですが、作曲家がＪＡＳＲＡＣと契約した場合、作曲家本人が自分の曲を演奏する場合でも、ＪＡＳＲＡＣを通して著作権料を作曲者（つまり自分に）に支払う義務があるそうです。

著作権料を支払う必要がない場合がありますので、知っておく必要があります。皆さんご存知だとは思いますが、一応述べておきますと、入場料無料、演奏者が無報酬で公演が営利目的でない場合は支払い不要です。その場合も演奏すること自体の承諾は必要ですが、楽譜が販売されている場合は、作曲者も演奏されることが前提で発表しているわけですから、特別な場合以外拒否するはずもなく、社会通念上いちいち許可を得る必要はないように思います。

ところで音楽著作権は著作者の収入を保証するためにあります。間違えていけないのは、文化の保護発展のためではないということです。著作権保護によって音楽家が増え、創作意欲が増して、その結果として音楽文化の興隆に寄与する可能性は大いにありますが、それはあくまで結果であって、本来の目的ではありません。

著作権が保護されていないから良い作品が出来ないことはないと思います。ベートーヴェンやモーツアルトの時代は著作権保護の法律はありませんでしたが、十分に優れた作品があることからも明らかです。もちろん時代が違い、社会の環境が違いますから一概には言えませんが、生物学的に人間の能力、感性が三〇〇年程度で変化することはありませんから、著作権保護の法律がなくても音楽文化が衰退することはないはずです。

これは著作権を保護しなくてよいと言っているわけではありません。著作権保護は著作者の収入を確保するためにきわめて重要です。ただその目的を、文化の発展に寄与するためなどとまことしやかな耳障りの良い理由にすり替えるべきではないと言いたいわけです。

著作者が著作権を主張するのは、俗に言えばお金のためです。この考え方は決して悪いことでも恥ずべきことでもありません。それどころか現在の社会構造、システムの中ではとても大切なことです。人は、自分にとって価値があると認めたものに対してお金を支払います。価値を認めないものに対してお金は使いません。義理で一回や二回は支払うこともあるかもしれませんが、長続きはしません。つまり支払われるお金の総額は、世間一般の視点から見たその著作物の価値を反映すると考えられます。自分の努力の成果である著作物に対しお金を要求しないということは、自分からその価値を認めていないことになります。堂々とお金を要求すべきです。

著作権を利用者側の観点から考えるとどうなるでしょう。利用者としては、著作権使用料が安いほど著作物を使いやすいことは明らかです。無料であればそれに越したことはありません。演奏家が演奏会を行ったときの収入は、入場チケット収入から使用した楽曲の著作権料を支払った差となりますから、著作権料がなければ収入が増えます。著作物は使いやすいほど多くの人が利用することになりますから、音楽文化の発展のためには著作権はないほうがよいということにもなりかねません。

音楽文化の発展のためという観点からは、著作者側からすれば著作権保護があったほうがよいし、利用者側からはないほうがよいということになり、おかしなことになってしまいます。これは「音楽文化の発展のため」などというあやふやな概念を持ち出すからで、著作権保護はあくまで経済的な観点から、著作物の価値に対し、その対価として利用者が支払う義務を規定することが目的であると考えるべきでしょう。

一般的に物、行為の価値は、現在の資本主義経済では需要供給バランスの市場原理によって決まります。音楽では、たとえば作曲料は市場原理が働いて、良いと思われる曲には多くの報酬が支払われますが、同じ曲でその後の著作権使用料に関しては若干状況が違ってきます。日本ではＪＡＳＲＡＣなどの著作権徴収代理業者が間に入ることもあって、曲の価値によって使用料の差をつけることは、手続きが煩雑になって事実上不可能ですので、曲の内容には関係なく一曲利用につき一定の金額となっており、市場原理は利用頻度として反映されます。つまり需要の多い曲は、利用回数が増えることで収入が増えることになります。これは文章の著作権の構造と似ています。執筆料は様々ですが、本になるとその内容とは関係なく同じような値段になり、売れる冊数によって収益に差が出ます。とは言っても著作権利用に関してもある程度市場原理が働き、適正な利用料などが決まるはずです。市場原理によって適正な利用料が決まるために大切なのは、著作者側、利用者側がそれぞれ自分の利益を最大限にするよう主張を提示し、その中で妥協点を探り、落としどころを決めることです。ここで相手の立場になって、相手が有利になるような考え方を入れると、市場原理が正常に機能しなくなる可能性があります。

たとえば楽譜についてこれを当てはめるならば、著作者側はコピーを全面的に禁ずるのが最も有利で、利用者側はすべてコピー可能にするのが最も有利です。これを双方歩み寄って原則的にコピーは禁止とするが、学校教育のため、自分の楽譜を自分で使うため、小さなサークル内で使うときなどはコピー可能などと妥協点を決めるわけです。ここに利用者側の「音楽文化の発展のために著作権保護が必要」という余分な思いが入ると、利用者に過剰な負担を課すことになり、ひいては音楽文化の発展にとっても好ましくないように思います。

このようなことは、知らない間に実際に起こっています。最近の実例として思ったのが、合唱コンクールでの審査員用楽譜の提出です。ずっと以前は審査員用楽譜はコピーで差し支えなかったのですが、現在はコピーは不可で審査員の人数分、楽譜の原本の提出を求められます。これは主に出版社、ＪＡＳＲＡＣの主張のようですが、作曲者の支持もあるのかもしれません。しかしながらこれは明らかに過剰な著作権行使による販売で、利用者にとっては無駄な出費です。この楽譜は自分が使うわけでもなく、戻ってきても本棚で眠るだけです。全日本合唱連盟もこれに従って、連盟加入者である合唱団に余分な楽譜を買うように求めます。これは合唱連盟の立場としてはやや疑問を覚えます。もっと利用者の立場に立って、審査用楽譜のコピーを特例として認めるように働きかけていただいてもよいのではと思います。

著作権保護の一義的な目的が、音楽文化の発展にあるという考え方が利用者に過剰な不利益をもたらしている可能性があること、さらに著作権保護はあくまで著作者の収入を保証するために大切な権利であって、音楽文化の発展は単にその結果であることを認識する必要があると思います。

練習について

音楽の世界で演奏技術を磨いて聴衆に認められるためには練習が必要です。スポーツではパフォーマンス向上のためには練習が必要ですから、その意味で音楽とスポーツは似ています。

たとえばゴルフと声楽を比較してみると、共通点が見えてきます。ゴルフはスイングのときに注意すべき点がいくつもありますが、それらをすべて意識してクラブを振ることはできません。意識して注意できるのは二つか多くても三つまでで、それ以外の注意点は意識下の脳に任せてしまう必要があります。そのために何度も同じ動きを繰り返し練習して、意識しなくても正確な動きができる部分を少しずつ増やすことにより、正しいスイングを習得します。初心者のうちは意識しないと正しくできない動きが多いので、一つのことに注意を向けると、別の何かがおろそかになり、スイングがぎくしゃくしたものになります。上級者になるほど、無意識にできる動きが増え、注意する点が少なくなりますから正しいスイングができる確率が高くなってきます。

声楽も同じで、歌うときに注意すべき点がいくつもあります。音程、呼吸法、姿勢、口の開き方、音を響かせるポイント、母音の発音、子音の発音、歌詞の表現など、挙げればきりがありません。実際に歌うときにすべてに注意を向けることはできませんから、できるだけ多くのポイントが無意識に自然にできるように何度も繰り返し練習します。ゴルフと声楽を両方とも習っている人には容易に納得できる話と思いますが、他の楽器や他のスポーツも同じで、いずれにしても根気よく正しい方法で練習を繰り返すことが上達への道であることは共通しています。

一方、自然科学や人文科学など学問の分野では、実績を上げるために勉強が必要です。練習という言葉は使いません。語学の習得も、練習ではなく通常勉強と言います。単語を覚えるのに何度も繰り返すことはありますが、これとて練習ではなく勉強というニュアンスが強いと思います。

それでは、勉強と練習とは何が違うのでしょうか。脳科学的には、勉強とは意識に上る脳の領域で神経細胞のネットワークを組み替えて知識を蓄えることで、練習とは意識下の脳の領域のネットワークを組み替えて技術を蓄えること考えられます。

人間の脳は、外界の状況に応じて意識的に行動の選択を行い、意識的に運動を起こします。そのときに脳は活動するわけですが、実は意識に上らない脳の活動があり、むしろこちらのほうが圧倒的に多いことが分かっています。たとえば手で物を取ろうとしたとき、運動を開始する命令を脳が出しますが、意識に上っているのはここまでです。その後、何十本もある手の筋肉を一本ずつ、どの程度、どのくらいの時間、どのくらいの強さで収縮させるかを意識的に考えていたのではいくら時間があっても足りませんから、あらかじめ脳の回路にプログラムされた指示に従って、自動的、無意識（意識下とも言う）に脳が命令を発し、それぞれの筋肉に伝え、物を取るという目的を達成するわけです。このようなプログラムが脳に数多く記憶されており、必要に応じて活動します。このプログラムは大脳基底核、小脳などを中心に記憶されていると考えられています。

音楽の演奏も、この意識下にプログラムされた自動回路を利用して行われます。日常生活動作の運動は日常生活の中で訓練されますが、音楽の演奏は特殊な運動ですから、音楽の訓練を行わないとその自動回路が出来ません。ピアノ、弦楽器、管楽器などの楽器を演奏する場合、最初は楽譜を意識的に認識し、音符の長さ、音程を分析して、それを運動に結び付けますが、何度も同じフレーズを練習すると、これがプログラム化されて無意識にできるようになります。視覚から入った楽譜の情報が直接運動中枢に伝達され、指などの運動として出力されるわけです。さらに視覚からの入力も最初は一つ一つの音符を分析的に認識しますが、そのうち画像的に一瞬で把握できるようになります。無意識下にできるパターンをたくさんストックしておくと、その組み合わせを駆使することで初めての楽譜でもある程度は演奏することができるようになります。
音楽の練習、訓練は実はこの自動的な回路、プログラムを作ることにほかなりません。上達に従ってプログラムの正確性が高まり、種類、数も増えてきます。つまり無意識にできることが増えてくるわけです。これは最初に述べたようにスポーツも同じ構図になります。

このときに大切なのが、間違ったプログラムを書かないことです。意識のコントロール下にあるうちはよいのですが、無意識にできるようになる、つまりプログラムが完成してしまうと修正が難しくなります。俗に言う悪い癖がつくことになるわけです。ここで指導者の力量が物を言います。演奏が上手な先生につく必要はありませんが、脳回路に基本的な正しいプログラムを構築できる能力を持った先生に、初期のうちに指導を受ける必要があります。指導者がこの辺をはっきり意識されているかどうか分かりませんが、良い先生というのはこれが自然にできる先生ということでしょうか。

音楽の演奏に関して技術的な問題以上に大切なのが、情緒的な表現の問題です。この表現法も意識下のプログラムとして脳に記憶されますが、これは教えるのも練習で習得するのも、技術的問題に比べ難しいと考えられます。理由は言語表現が難しいからです。そもそも言語で表現できないことを音楽で表現するわけですから、言語を介して、つまり意識的な表現を介して教えることは難しいはずです。このためには意識下の脳に直接働きかけて、情緒表現のプログラム、回路を形成し、記憶させる必要があると考えられます。

具体的な方法としては、良い演奏をたくさん聴くことです。何が良い演奏であるかは個人の主観の違いもありますので一律には言えませんが、少なくとも自分が感動する、感性に響く演奏でなくてはなりません。このような演奏は意識下に記憶され、意識的に模倣するつもりはなくても演奏に影響を与えます。自分は人のまねはしないという主義の方もおられると思いますが、そもそもオリジナルは模倣から始まります。脳は白紙の状態からオリジナルを生み出すことはできず、たとえば音楽の場合は、脳の記憶にストックされた数多くの演奏サンプルに自分の感性で重み付けをして、独自の演奏として出力します。これが、その人独自のオリジナルな演奏となるわけです。良い音楽を聴くだけではなく、絵画、文学など他の分野の芸術に触れることも重要と思います。意識下で感性に影響を与えるはずです。

今まで多くの音楽家と話をする機会がありましたが、優れたソリストはコンサートにもしばしば足を運んで、よく音楽を聴く傾向があるように感じました。自分の技術向上に役立てるためではなく、クラシック音楽を聴くのが本当に好きで、自然にわき起こる欲求に従って聴いておられるようです。しかも自分の専門とする楽器だけでなく、他の分野の楽曲も幅広く興味を持っておられます。自分では演奏しても、他人の演奏はあまり聴かない演奏家もいます。演奏における芸術性はここで差が出るのではないかと、個人的には思っています。演奏に芸術性が出せなければ、それは職人、技術者であって、芸術家ではないと思います。

合唱団

日本全国の合唱団の総数は、誰も正確に調べたことはないようですが数万団体あるという話もあります。日本合唱連盟に加入している団体は現在五一〇五団体で、広島県合唱連盟は一一一団体と発表されています。私の住んでいる地域では合唱連盟に加盟していない合唱団は加盟団体の数倍あるようですので、その割合でざっと計算すると確かに数万になるかもしれません。

いずれにしても吹奏楽、管弦楽、邦楽など、他のジャンルの団体の数に比べ圧倒的に多いことは確かです。これは入り口のハードルが他のジャンルと比べて低いことが理由の一つと考えられます。何と言っても歌はたいていの人は取りあえず歌えますから、初心者でもみんなと一緒に歌えば何とか格好はつきます。器楽ではそういうわけにはいきません。楽器を手に入れる必要もありますし、何とか音楽になる音を出すだけでも結構な時間がかかります。中学校、高等学校の部活ではやや事情が違い、吹奏楽部を持っている学校のほうが、合唱部のある学校より多いようです。ハードルが高いほうがやりがいがあると考えるのか、経験のないことをやってみたいという好奇心からなのか、単に楽器の演奏のほうがかっこいいと思うからなのか分かりませんが、すでに学校が楽器を所有していることもあり、一般社会人とは少し発想の違いを感じます。

合唱団が多いもう一つの理由、合唱志向が高いことの理由としては、一人で歌うよりみんなで歌うほうが楽しく、しかも多人数の相乗効果で音楽の質が高くなることが挙げられます。少なくとも一人ではハーモニーは楽しめません。ハーモニーを楽しむためには重唱が必要で、デュエット、アンサンブル、合唱などを選択することとなります。重唱によるハーモニー感はその中に浸るととても心地良く、一度経験すると止められなくなります。

重唱でなく斉唱（ユニゾン）でも、独唱とは大きな違いがあります。人の歌声を波形分析してみますと、その波形には顕著な個人差があることが分かります。波形を比べることにより、二つの声が同一人物のものか別の人物のものか鑑定できます。もっとも波形を分析するまでもなく、知っている人であれば声を聞くだけでそれが誰か分かります。ユニゾンにすると、この波形の個性が相殺されて似た形になり、同じような音質に近づきます。人数が多くなればなるほどグループ間での差はなくなってきます。しかも一人で歌うときの個々の弱点が埋没して分かりにくくなり、演奏の質が上がります。これは音程、リズム、音質すべてに言えます。音程、リズムに関しては周りの声を聞いて修正している可能性がありますが、音質に関しては修正することはすぐには難しいので、単純に複数の声の加算による物理的な現象と考えられます。

いずれにしても、合唱では個々の演奏能力の割には音楽としてレベルの高い演奏が可能となります。音楽演奏のレベルの判定の基準を示すのは難しいのですが、仮に聴衆の満足度が指標となるとするならば、独唱で合唱と同じ程度に聴衆の満足度を得るためには、少なからぬ研鑽、努力、訓練により、その弱点を克服する必要があります。合唱であれば、その弱点が音響の物理現象として独唱ほどの努力なしで自然に矯正されるわけです。自分の参加した合唱の録音を聴いて、自分一人の歌唱ではとても到達できないレベルの演奏になっているのを知ると、その満足感が合唱を続けようという強い動機になります。

一方これだけ多くの合唱団があり、割と気楽に合唱に参加できるとなるとその演奏レベルは様々で、レベルの高い合唱団と低い合唱団では演奏技術にかなりの差があるのも確かです。レベルの違いに最も関与する因子は何でしょうか。東京混声合唱団は日本で唯一のプロ合唱団ですが、完璧な演奏を行います。その他、二期会合唱団などプロと言える合唱団もいくつかあり素晴らしい演奏を聴けますが、これらは個々の技量が抜きん出ていますから比較対象から外すとして、ごく普通のアマチュアによる合唱団について考えてみたいと思います。合唱団の演奏レベルに関係すると思われる因子として、①個々の歌唱力、②練習時間、③指導者（指揮者）の指導力、④各パートのリーダー的存在の力量、⑤経済力、

⑥専属ピアニストの有無などを挙げることができます。もっといろいろあるかもしれませんが、取りあえず以上のような項目を思いつきます。

個々の歌唱力は言うまでもありません。全員に十分な実力がある必要はなく、自力で音取りができて、しっかり歌える人がある程度いれば十分です。とはいえ他の人も歌唱力をつける努力は肝要で、そのためには合唱団での練習だけでは効率が上がりません。やはり、個人的にレッスンを受けるなど努力が必要です。

練習時間が多ければ多いほど良いというわけではありませんが、ある程度以上の練習時間は必要でしょう。社会人の場合は制約があり、しかも毎回練習に出られるとは限りません。その点、中高校生や大学生などは有利です。

指導者は、多くの場合指揮者ということになりますが、これはおそらく最も影響の大きい要素と思います。合唱団の存続自体も指導者にかかっていると言っても過言ではありません。指揮者、指導者の立場の人が合唱団を結成する場合は、指導者を探す必要はありませんが、合唱団側から見た場合、良い指導者を見つけるのはきわめて難しく、クリアしなければならないいくつかの問題があります。まず一定レベルの音楽の技術は必須です。指導力も必要で、カリスマ性もあればさらに良いと思います。必ずしも音楽の専門家でなくてもかまいませんが、アマチュアでこのような人材は希少ですから、多くの場合専門家ということになります。だとすれば謝礼も必要で、これも相当な経済的負担となります。力量のあるパートのリーダーは必須ではありませんが、いれば練習の効率は上がります。いなければ指揮者など全体の指導者が兼ねることになりますが、曲を仕上げるまでにかかる時間はかなり違ってきます。このようなリーダーがいれば結束力は高まり、演奏にも良い影響をもたらすはずです。

専属ピアニストは持つことができれば理想的ですが、演奏会での伴奏も可能な技量を持つ人とすれば、やはり音楽大学のピアノ科卒業になり報酬の支払いが必要です。あまりに安いと嫌がられます。

経済力は思っている以上に重要です。経済力があれば指導者、ピアニスト、場合によってはヴォイストレーナーの確保が容易となり、練習、演奏会に利用する会場の使用料支払いの苦労も少なくなります。これら金銭的なストレスが軽減できれば、その分演奏、練習に集中することができます。

以上の六項目を全く満たすことができない場合、熱意だけでは合唱団を長期的に維持していくのは困難です。どれでもよいから二つ以上満たせば存続は可能でしょう。四つ以上あればコンクールでも入賞可能のレベルと思います。

多くの合唱団は自身の弱点はもちろん分かっており、それを改善するための努力はすでに行っておられるはずです。合唱団に所属してみれば分かりますが、団を継続維持するだけでも中心となるスタッフには多大な苦労があります。ましてや演奏技術のレベル向上となると、一朝一夕にはなしえず、あまりに性急なやり方は団員の反発を招くこともあります。そのためどうしても従来行ってきたやり方を踏襲して、無難な運営になってしまいがちです。

しかしながら私が思うに、停滞は衰退の第一歩です。常に向上する意識を持っていないと、どこかで失速する可能性が高くなります。個人としての向上心は人それぞれで各自に任せればよいのですが、団全体としてどのように演奏レベルを上げていくか基本的な方針は共有しておく必要があるように思います。具体的な方法はいろいろあると思いますが、その一つの提案としてコンクールに参加し続けるというのはどうでしょうか。客観的な評価は、技術向上のためには大切です。良い評価を得ることができれば、継続の動機になります。社会性動物である人間の脳は、他人の承認を得ることで喜びを感じるように出来ています。演奏会での聴衆の喝采も励みにはなりますが、本当にどれくらい聴衆に認めてもらえたかはやや漠然とした感があります。

コンクールが全面的に客観的な評価とは言いにくい面ももちろんありますが、少なくとも技術面に関しては、専門家の評価を受けることができます。良い評価を受けた団体は、一般の聴衆が聴いても感動する演奏が多いことも確かです。もちろん本筋は演奏会で多くの人に聴いてもらうことであることは分かりますし、そのために時間の制約があることも理解できますが、少ない曲数を細部まで徹底的に仕上げ、緊張感を持って演奏することになるコンクールへの参加は、必ずや演奏技術の向上に資するはずです。その充実感の体験も、合唱を続けることに対する強い動機付けとなることに間違いないと思います。

レベルの高い合唱団がいくつかあると、その影響で同じ地域の他の合唱団のレベルも向上する傾向があるようです。全国で見ると、福島県は学校の合唱部、一般の合唱団ともハイレベルの団体が多く、この県ではコンクールに参加する団体も多いようですから、コンクールが技術の向上に一役買っていることは間違いなさそうです。コンクールでレベルの高い合唱団の演奏を聴くことにより、その地域での目指す技術レベルの水準が高くなり、多くの合唱団がそれを目標に努力することで、結果的に演奏レベルの向上につながると思われます。

最近、合唱コンクールに出場する団体が少なくなっているのが気になります。これは指導者の意向が大きいのでしょうが、人の評価を受けることを好まない人が増えて、合唱団内の意見がまとまらないのかもしれません。

音楽で認知症予防

モーツアルトを聴いて認知症を予防しようというタイトルで、音楽会を開催したことがあります。認知症について専門家が講演し、音楽と認知症との関連について、講演した専門家と音楽家で対談を行って、その後で実際にモーツアルトの音楽を生演奏で聴いてもらうという企画です（この専門家とは実は脳神経外科医である私でした）。

面白い企画と思ったのですが、やや怪しげな面もありましたので、反対する意見もあったのですが、何とか開催にこぎつけました。講演の内容もできるだけ分かりやすくして、音楽も楽しく聴きやすいものを集めたので、音楽会自体の評判はまずまず良かったと思います。

怪しげな面というのは、本当にモーツアルトの音楽に認知症予防効果があるのかという疑問ですが、確かにそのコンセンサスはありません。しかしながら、モーツアルトであるかどうかはともかく、音楽を聴くことが認知症の予防にある程度効果があることは、多くの認知症専門医が感じているようです。ただしそれに厳密な科学的データが無いということです。

厳密なデータというのは「前向き無作為化試験」（prospective randomized study）と言いまして、あらかじめ二つ以上のグループを作り、それぞれに調査したい項目を行うかどうかを振り分け、一定期間後にその結果を見る統計的な手法です。グループの人数をどの程度にするか、どの程度の期間経過を見るかは、調べる目的によって異なります。数千人レベルで行う試験を大規模試験と言います。薬の治療効果を判定する場合この方法は必須で、販売する製薬会社に義務付けられています。

これを音楽と認知症の関連についての調査に当てはめると、次のようになります。まず数百人のボランティアを募集し、それを無作為に二つのグループに振り分けます。無作為というのは、たとえば都合良い結果を出すために呆けそうな人を音楽を聴かないグループに意図的に入れたりしないということです。そのときに各グループの年齢、性別、職業、学歴、生活習慣病の有無など、認知症に関連のありそうな項目の割合がだいたい同じになるように振り分けます。そして一つのグループには音楽を聴いてもらい、別のグループには音楽を一切聴かないようにしてもらいます。それを数年以上続け、その後各グループの認知症になっている人の割合を比較し、音楽の認知症予防に関する効果を判定するわけです。しかしながらこれは、誰が考えてもほぼ不可能な方法であることが分かると思います。それで誰もこのような試験を行う人はいませんでした。それが厳密な科学的データが無いという意味です。

厳密でないデータならいくつかあります。これは後ろ向き試験と言って、後付けで調べる方法です。たとえばアンケートを取って、過去にクラシック音楽をよく聴いていた人と、あまり聴かなかった人に分けて認知症の発症率を調べます。その結果、音楽をよく聴く人のほうが認知症発症が少ないという結果が出たわけですが、この結果の解釈には注意する必要があります。つまり、もし音楽をよく聴く人は同時によく本を読む人であるとすれば、本を読むことが認知症の予防効果であって、音楽はたまたま聴いていただけという解釈もできるからです。以上のようにこの種の研究にはいろいろ問題点もありますが、それらを考慮に入れても、音楽に認知症予防効果のある可能性は高いように思います。

さらにクラシック音楽の演奏者、指揮者などに、どうも呆ける人は少ないようだという印象があります。確かに私の周りを見ても、クラシック音楽の演奏家で年を取って呆けている人は見当たりませんし、特に指揮者は九十歳近くになって多少腰は曲がっても、その指揮ぶりは若い頃よりも円熟度も増して、ますます若々しい演奏をする人も多いように思います。これらを見ると、音楽を聴くことや演奏することの認知症予防効果はかなり確かなように思えてきます。

さらに理屈を述べるならば、音楽を聴くとセロトニン、ノルアドレナリン、アセチルコリンなどの神経伝達物質の分泌が増えるという報告があります。神経伝達物質とは神経細胞同士の伝達を制御して脳の活動、機能維持に重要な働きをする物質で、臨床的にはうつ病、パーキンソン病、アルツハイマー型認知症など脳の病気の治療にも使われます。うつ病にはセロトニンを増やす薬物が使用され効果が認められておりますが、音楽がセロトニンを増加させるのなら、うつ病を改善する効果があるはずです。アルツハイマー型認知症にはアセチルコリンを増加させる薬が使用されています。音楽がアセチルコリンを増やすという信頼度の高い実験データは今のところありませんが、これが証明されれば音楽は認知症予防に効果があるという傍証になるかもしれません。

私たち医師は認知症に限らず病気の治療を行うとき、その治療の有益性と有害性のバランスを考えます。さらに行政レベルでは有益性と費用の関連も考えます。費用が安くて有益性が高く有害性がないのが理想的で、費用が高くて効果がなく有害性ばかりなのが最悪です。

認知症治療に関して言えば、内服治療のコストはかなり高くつきます。幸いにも有害事象（副作用）は比較的少なく、少し興奮気味になったり、軽度の胃腸障害を起こす程度です。欠点は効果がはっきりしないことです。大規模前向き無作為試験で有効という判定がなされたにもかかわらず、その効果を信じていない専門医もいるくらいで、医師によっては処方されない方もおられます。

その観点から考えると、認知症予防治療としての音楽は、副作用がなく費用が安く済みますが、その効果は明らかとは言えませんので、残念ながら理想的な治療とは言えません。しかしながら、そもそも音楽は病気の治療が一義的な目的ではなく、楽しむことが目的ですから病気に対する効果が弱いからといって利用しない理由にはなりません。音楽を楽しみながら、それに付随して認知症が予防できる可能性があるとすれば、積極的に取り入れてよいはずです。

さて、それではどのような音楽がより効果があるのでしょうか。これは一言で言うなら好きな音楽、自分が聴いて楽しいと思う音楽ということになります。人間の脳で喜びや快感、悲しみ、恐怖、不安などの感情を支配しているのは大脳辺縁系と言われる脳の中心部にある領域ですが、その中で快を感じるときに中心的な役割を果たす場所は側坐核と考えられています。好きな音楽を聴くと側坐核が活動して、ドーパミンなどの神経伝達物質が分泌され快を感じるわけですが、そのときに分泌される神経伝達物質が周囲の脳の活動も高め、認知症の予防の助けになると考えられます。好きな音楽、感動する音楽でないと情報が側坐核に伝わらず、効果が少ないと考えられます。

　側坐核をはじめとする大脳辺縁系を刺激する効果は音楽によって違いがあります。それは何度か聴いていると次第に刺激効果が弱くなる音楽と、聴けば聴くほど効果が高まる音楽があるということです。専門的には前者を馴化される、後者を強化されると言います。馴化というのは「なれる」ということで、音楽で言えば何回も聴き過ぎて飽きてしまうということです。このような刺激を馴化刺激と言います。強化とはその反対で聴けば聴くほど感動が強くなるということで、これを強化刺激と言います。基本的には自分の好きな音楽でよいのですが、できれば強化刺激となるような音楽のほうが好ましいと思います。

　強化刺激となる音楽は何かと言えば、それはクラシック音楽ということになります。それは百年二百年と聴き続けられてきたという実績があるからです。すぐに飽きのくる音楽であれば、これほど長くは残っていないだろうと考えるわけです。

　さらにクラシックの中で何を聴けばよいかとなると、これ以上は好みでというしかないのですが、私の感触で言えばモーツアルトかバッハです。この二人の作品は、リズムが自然に無理なく脳の周波数と同調し、神経回路が活発に回り始めるような感じがします。もちろんこれは私の主観ですが、そう感じる人は多いのではないかと思います。認知症やうつ病などの予防という観点からはモーツアルト、バッハがお勧めです。

音楽家の病気

～ピアニスト～

私の本職は医者なので、最後に音楽家の病気のことについて少し述べておきたいと思います。

音楽家がかかりやすい病気、かかっては非常に困る病気がいくつかあります。かかりやすい病気を職業病と言います。職業病とはその職業において酷使しやすい、身体の一定の場所に生じる病気の総称ですが、音楽家にも特有の職業病があります。身体の特定の場所を酷使するということは、使う頻度が高い場所ということですから、すなわち痛めてはとても困る場所とも言えます。

ピアニストという職業は、両方の手や腕を酷使する仕事です。多くの人は幼少の頃から毎日、多い人は一日数時間以上練習し上肢を酷使し続けています。しかも演奏は非常に反復性の高い運動で、強い力で打鍵を繰り返しますので、指、腕の筋肉、腱には相当な負担がかかり炎症を引き起こします。そのために起こる病気が腱鞘炎です。

腱は筋肉と骨を結び付ける硬い紐のような組織で、その周りを鞘が取り巻いており、これを腱鞘と言います。腱が鞘の中を何度も繰り返し、しかも相当の早さで動くため、その摩擦で組織が損傷し炎症を引き起こして痛み、運動障害を発生するわけです。指の腱鞘炎が最も頻度が高いと言われています。幸いにもこの病気は、ほとんどの場合安静で改善します。しばらくの間（通常は一、二週間程度）、ピアノ演奏を中止する必要があります。酷使し続けると場合によっては手術が必要となることもありますので、甘く見ないようにしないといけません。

時々、ピアニストの方から指関節や手首の痛みの相談を受けます。私の専門は脳神経外科で整形外科ではないで、診断に疑問がある場合は手を専門にしている整形外科医を紹介しますが、明らかに腱鞘炎と思われる場合は、すぐに治療は必要ないので安静にするようにアドバイスします。ただ後で聞いてみると、私のアドバイスを守って完全な安静を実行した人はあまりいません。長時間の練習は控えてはいるようですが、かなり症状が強くてもコンサートはキャンセルせず何とか出演しているようです。確かにコンサートをキャンセルするとなると周囲の人たちに与える影響は甚大ですから、その気持ちは分かります。その場合でも次第に症状は軽くなり、いつの間にか治ったと言われるケースが多いので、私のアドバイスは正しかったのだろうかと疑問に感じることもあります。

次に多くのピアニストは、通常意識はしていないと思いますが、実は脳も相当に酷使しています。特に十歳代の技術を習得する過程ではそれが顕著です。ピアニストは楽譜を読むときに一個一個の音符を別々に認識するのでなく、数個から数十個を一度に（おそらく画像的に）認識して、それを半自動的に指、腕の複数の筋肉運動に結び付けていると考えられます。

楽譜の縦の組み合わせ（和音）と横の組み合わせ（メロディー）には頻繁に出現する一定のパターンがありますが、そのパターンから適切な指の組み合わせ、形、打鍵する強さ、順番などが自動的に行えるように記憶します。この記憶は意識的な記憶ではなく、意識下（無意識）の記憶であり、多くの作曲家の様々な曲を何度も繰り返し弾くことにより自然に習得していくことになります。そのときに脳の中では楽譜の画像的なパターン認識を、自動的に指、腕の適切な運動パターンに結び付ける回路が形成されます。大脳、大脳基底核、小脳、海馬など様々な脳の場所が関与しています。反復練習によりこのようなパターンを（具体的な数は分かりませんが）相当の数蓄積してその組み合わせで、もしくは新しい曲であれば少しずつ修正しながら実際の演奏を行います。一つのパターンを利用するときは、必要ない他のパターンは抑制されます。

このメカニズムに関連して起こる病気にジストニアがあります。あまりに過度に練習を繰り返すと、稀ではありますが電線がショートして漏電するように、意図したパターンとは別の回路に情報が流れたり、特定のパターンが何らかの事情で強化されてしまうことがあります。そうなってしまうと脳が指、腕の筋肉に送る指令を適切に制御できなくなり、意図していない筋肉運動を起こしてしまう不都合が生じます。それでも無理をして弾こうとすると、手が強直して思い通りに手を動かせなくなります。これがジストニアという状態です。

ピアノ以外の楽器奏者でも起こりえますが、ピアニストで特に利き腕に生じやすいと言われています。さらに練習時間が習慣的に数時間を超えている人、難曲に挑戦することが多くて、同じ指の動きを長時間にわたって繰り返し練習する傾向のある人などは起こりやすいようです。即興演奏の多いジャズピアニストには少ないと言われています。発生頻度は一〇〇〜二〇〇人に一人程度で、それほど珍しい病気ではありません。不思議なことにピアノ演奏以外の運動、たとえば字を書く、箸を使う、投げるなど日常生活の動作は全く問題なく、普通に動かすことができます。

現在のところ良い治療法がなく、難治性です。多少改善してピアノが弾けるようになっても、もとのようにプロとして活動できる程度まで回復することは稀で、片手のみ（多くは左手のみ）での演奏を余儀なくされます。

過度の練習が原因になるとしたら、あまり練習してはよくないということになりますが、ひとかどの演奏者になるためには、そのようなわけにはいきませんから練習はしっかり行う必要はあります。しっかり練習してしかもこの病気にならない確実な予防法はありませんが、しいて言うならばピアノだけではなく、音楽とは別の分野、絵画、文学など他の芸術、スポーツなどリラックスできる趣味を作って、メリハリのある脳の使い方をすればよいのでないかと思います。

音楽家の病気

～声楽家～

声楽科の職業病としてすぐに思いつくのは、何といっても声帯ポリープです。声帯結節もありポリープとは病態がやや違いますが、ほぼ同じような症状が出ます。

ポリープの原因は声帯が充血したり、炎症を起こしているときに酷使することにより、粘膜下に出血をきたすためです。声をできるだけ出さないようにして安静を保てば自然に吸収することもありますが、無理をすると器質化して治すためには手術が必要となる場合もあります。

ポリープが出来ないように予防するためには、無理な発声をしないことです。また悪い発声はポリープのリスクが高くなるとも言われています。悪い発声がリスクを高めるとしたら、正しい発声をすればよいことになりますが、ポリープになりにくい正しい発声とはどのような発声法なのか、声楽的に正しい発声と、ポリープになりにくい発声は一致しているのか疑問が残ります。

声帯によって変えることのできる、声の違いは音の高さと強さです。響きの違いは声帯ではなく、喉頭、咽頭、口腔の変化、頭蓋骨の構造の違いで生じます。音の高さは声帯の振動数で決まり、振動数は声帯の長さと張力の強さが関係しています。声帯の長い人が高い音を出そうと思えば、張力を高める必要があります。声の大きさは振動の振幅で決まります。

さて声帯ポリープは粘膜下の出血が原因ですが、出血は外的な原因で起こります。つまり声帯にかかる衝撃の強さと回数が関連していると考えられます。衝撃が強いほど、回数が多いほど出血が起こりやすくなります。声帯の振幅が大きいほど衝撃が強くなり、張力が強いほど回数が増えますから、大きな声を出すほど、また高い音を出すほどポリープが出来やすくなります。

勘違いしてはいけないのは、声の大きい人、声の高い人ほどポリープになりやすいわけではないということです。元々の声の大きさは声帯振動の振幅だけでなく、頭部骨格の構造的な違い、喉頭、咽頭、口腔の広がり、開き方なども関係しますし、音の高さは声帯の長さによりますから、その個人が普通に歌って出る声が大きい場合、高い場合は問題ありません。

ではどのようなときに問題になるかと言えば、その人にとって通常の発声で許容される安全な範囲を超えた場合、つまり無理に大きな音を出す、高い音を出す場合です。この範囲は相対的なもので、声帯のコンディションの悪い場合は許容範囲が狭くなります。コンディションの悪い場合で多いのは、気管支炎、喉頭炎、咽頭炎などの気道感染による声帯の炎症です。つまり風邪を引いたときですが、この場合は声帯の安静が必要です。つまり歌わないことです。

音楽にならないくらい症状が強ければ歌う人はいませんが、問題は何とか歌える場合です。この場合ももちろん休んだほうがよいのは当然ですが、諸種の事情でどうしても歌わざるを得ない状況はあると思います。その場合はできるだけ声帯の負担を軽減する必要がありますが、小さな声で歌うのではコンサートが成り立ちませんから、取りあえずできることは移調して音程を下げることです。半音下げるだけで歌唱の領域で20～30Hz程度振動数を下げることができ、その分声帯の緊張と衝撃を軽減することが可能です。ピアノ伴奏がある場合、ピアニストがすぐに対応できるかが問題ですが、簡単な伴奏であれば対応できるピアニストは多いと思います。ちなみにバリトン歌手のフィッシャー・ディースカウ氏も、風邪をひいて少し調子の悪いときは半音下げて歌ったそうです。ピアニストのジェラルド・ムーア氏はシューベルトの冬の旅など、やや難解な曲でもすぐに移調に対応できて大過なくコンサートを終えたという話を聞いたことがあります。

風邪は職業病ではありませんが、声楽家がかかると大変困る病気です。コンサートの前に風邪を発症してそのまま治らなければ、最悪の場合コンサートを中止にせざるを得ません。風邪は放置しておけば自然に治りますから、通常それほど大きな問題ではありませんが、声楽家の他にアナウンサー、司会者、俳優など声を使う職業の人たちにとっては切実な問題で、これらの方たちは相当に気を使われているはずです。

風邪は医学的には「かぜ症候群」と言って、鼻腔から喉頭までの上気道に微生物が感染し、それを原因とする炎症によって症状を呈する疾患と定義されます。原因となる微生物の八〇％以上はウイルスで、それ以外に細菌、マイコプラズマなども原因となります。ウイルスではライノウイルスが最も多く、コロナウイルス、ＲＳウイルス、アデノウイルスなどがそれに続きます。

風邪を予防する方法は、声を使う職業の方はそれぞれ工夫されていることと思いますが、基本的には喉の保湿と保温です。口腔や咽頭が乾燥すると粘膜の防御機能が低下して、感染しやすくなります。風邪の原因として多いライノウイルスは三四〜三五℃で増殖が最も活発になり、三七℃を超えると増殖が弱まると報告されています。つまり喉を乾燥しないようにして、温めることが予防に有効であると考えられます。具体的にはマスクをすることと、首周りを冷えないようにすることです。マスクはウイルスの侵入を防ぐことはできませんが、上気道の保湿の効果は高く、有効性は高いと思います。さらにウイルスが侵入したら早めに洗い流したほうがよいはずですから、一日数回程度うがいをすることも有効です。

ただ、十分に注意しても風邪をひくことはあります。そのとき、できるだけ早く治すためにはどうするか。前述の予防策を継続することに加え、免疫機能を高めることが肝要です。睡眠は免疫機能を高めますので、しっかり睡眠をとることが大切です。

体温が下がると免疫機能は低下し、体温上昇で免疫機能が活発になると言われていますので、体が冷えないように保温すればよいはずです。入浴は積極的に行うべきですが、出た後に体を冷やすとよくないので、温かくして早めに寝ることが勧められます。熱が出ても下げないほうがよいと考えられます。少なくとも三八℃程度の熱は下げてはいけません。私は自分では四〇℃近い熱が出ない限り解熱処置は行いません。

咳はウイルスを放出するためですから、これも止めないほうが好ましい。つまり早く治そうと思ったら風邪薬は飲まないことです。風邪薬は熱や咳などの症状は緩和しますが、ウイルスの増殖を抑制することはできません。細菌感染の場合は抗菌剤が有効ですが、ウイルス感染の場合は抗菌剤の効き目はありませんし、口腔内常在菌のフローラを乱す可能性がありますので逆効果になることもあります。細菌感染がはっきりしている場合を除いて、抗菌剤の使用は慎重にすべきです。

医師の八割以上は、自分が風邪をひいても風邪薬は飲まないようです。ただし患者さんには八割以上の医師が風邪薬を処方します。これは自分の場合は多少つらい思いをしても早く治したいと思い、患者さんは多少長引いても症状を緩和するほうが喜ばれるからですが、声楽家であれば、病院に行くのはよいのですが、早く治すためにも、医師に対しやたらと風邪薬は要求しないほうがよいと思います。

あとがき

吉田兼好の徒然草第十二段に「おなじ心ならん人としめやかに物語して、をかしき事も、世のはかなき事も、うらなく言ひ慰まんこそうれしかるべきに、さる人あるまじければ、つゆ違（たが）はざらんと向ひゐたらんは、ひとりある心地やせん。」とあります。

これを意訳すると「意見や考え方が同じ人としんみりと語り合うのは、心地良いものだが、このような人は現実にはめったにいないので、本音は話さず差しさわりのない会話になってしまう。だとすれば一人でいるのと同じことのように感じてしまう」となりますでしょうか。

人は世の出来事、他人の行為、行動、思想、政治など人間社会のあらゆる事象について、少しでも関心のあることに対しては何らかの意見、見解を持っているのが普通です。これをその人の持論と言いますが、同じような持論を持った人同士であれば、会話が穏やかで楽しい気分になります。持論が違えば議論になります。議論が白熱し過ぎると抗論となり、お互いが納得しない場合にはかなり気まずい雰囲気になることもあります。さらに感情が入ると喧嘩の一歩手前ということにもなりかねず、人間関係がこじれてしまう可能性もあります。

それを避けようとすれば、考え方の違う人とは議論をしないか、議論になっても持論を展開するのを控えるしかありません。どちらにしても差し障りのない話だけになってしまい、徒然草で吉田兼好の言うように、一人でいるのと同じことのように感じてしまい、孤独感とまではならないにしても、気持ちとしては不完全燃焼でしょう。

本来、人は自分の持論を話したい、知ってほしいという欲求があり、これはすなわち自分を認めてほしいという欲求にほかなりません。この欲求は人間としてはかなり根源的なもので、そのために議論を志向し、時に感情のぶつかり合いになります。しかしながら冷静に考えれば、自分と異なる考えを聞くことは、それを取り入れるかどうかは別にして、考え方の幅が広がる可能性がありますから、有益なことはあっても無駄になるはずはありません。異なる考え方に対し感情的になる必要は全くないのですが、これが難しいのが凡人のなせる業ということでしょうか。

最近インターネットの掲示板などでかなり過激な意見、批判が飛び交っています。面と向かっての議論よりもさらに過激になって、罵詈雑言としか言いようのない内容もあるのが気になりますが、これは一つには発信者の匿名性が原因となっているように思います。誰が言ったか分からなければ、何でも好きなことが言えるので、自己表現の欲求を満足させ、自分は批判を受けることがありませんから良い気分になるのでしょうが、匿名での意見、批判は控えるべきと思います。堂々と本名を名乗って意見を言うべきでしょう。

私にも様々な持論があり、議論することも決して嫌いではありません。ただ会話の中での議論では、やはり冷静さを保つことは難しいこともあります。そもそも絶対的に正しい考え方があるはずもなく、異なる考え方があるだけなのですが、ついついお互いに自分の持論が正しいと錯覚をして、感情のぶつかり合いになりがちです。

これを回避して堂々と自分の主張を表現するためには文章にして訴えるのがよいのではないかと考え、一年くらい前にエッセイとして書くことを思いつきました。発表するかどうかは別にして、文章にすると自分の中でも考えがまとまり、議論のときにも冷静に対処できることに気付き、その後もコツコツと書き溜めてきました。この度、音楽をテーマとするエッセイが二〇編を超えましたので、まとめて本にして出版することにした次第です。

私は音楽の演奏に関しては素人ですが、クラシック音楽に携わった期間は五〇年を超えました。素人の意見ではありますが、五〇年の重みはそれなりにあるのではないかと思っています。音楽の専門家の考えは大いに尊重していますが、先入観や思い込みで意外な盲点、落とし穴があるようにも思います。音楽家の中だけでの議論ではそこから抜け出せない場合もあり、外側からの観点にも何らかの有用性があるのではないかと思います。もちろん私の持論は単なる個人の意見であって、賛同していただける意見もあれば、それは違うのではないかという意見、もしくは真逆の意見など様々と思います。私は自分の考えに固執するつもりはなく、いろいろな意見を聞いて納得するものがあれば、持論として取り入れたいと思っております。忌憚のない意見（匿名でなく）をお待ちしております。

この本を、私の音楽活動を何かにつけて支えてくれた最愛の妻由香に捧げます。

二〇一七年十二月

呉市音楽家協会会長

藤原脳神経外科クリニック　院長　　藤原　敬

藤原　敬（ふじわら・たかし）

1977年岡山大学医学部卒業。脳神経外科を専攻し、香川医科大学講師、呉共済病院脳神経外科診療科長を経て、2003年に藤原脳神経外科クリニックを開設。
高校時代より合唱を始める。1997年より呉混声合唱団に所属。2005年に男声6人による声楽アンサンブル「スターボーイズ」に参加し、唱歌、日本歌曲、ポップス、歌謡曲などを主なレパートリーとして、呉市を中心に演奏活動を行っている。2014年第8回広島県ヴォーカルアンサンブルコンテストにてグランプリ受賞。
2012年4月呉市音楽家協会会長に就任し現在に至る。

クラシック音楽　持論・抗論・極論
音楽の起源　～音楽は何のためにあるのか～

2018年4月13日　第1刷発行

著　者　藤原　敬
発行人　大杉　剛
発行所　株式会社 風詠社
〒553-0001　大阪市福島区海老江5-2-7
ニュー野田阪神ビル4階
TEL 06（6136）8657　http://fueisha.com/
発売元　株式会社 星雲社
〒112-0005 東京都文京区水道1-3-30
TEL 03（3868）3275
装幀　2DAY
印刷・製本　シナノ印刷株式会社

ISBN978-4-434-24495-7 C0076
